Follow His Lead

Christian Activity and Coloring Book for Kids

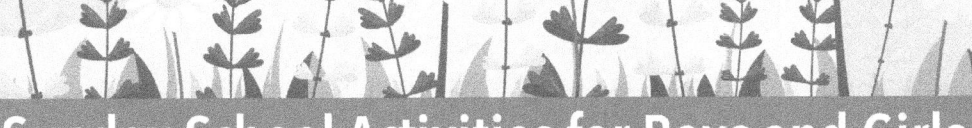

Sunday School Activities for Boys and Girls

TM & Copyright© 2020 by Sweet Sally™
ALL RIGHTS RESERVED.
Published in the United States. By purchase of this book, you have been licensed one copy for personal use only. No part of this work may be reproduced, redistributed, or used in any form or by any means without prior written permission of the publisher and copyright owner.

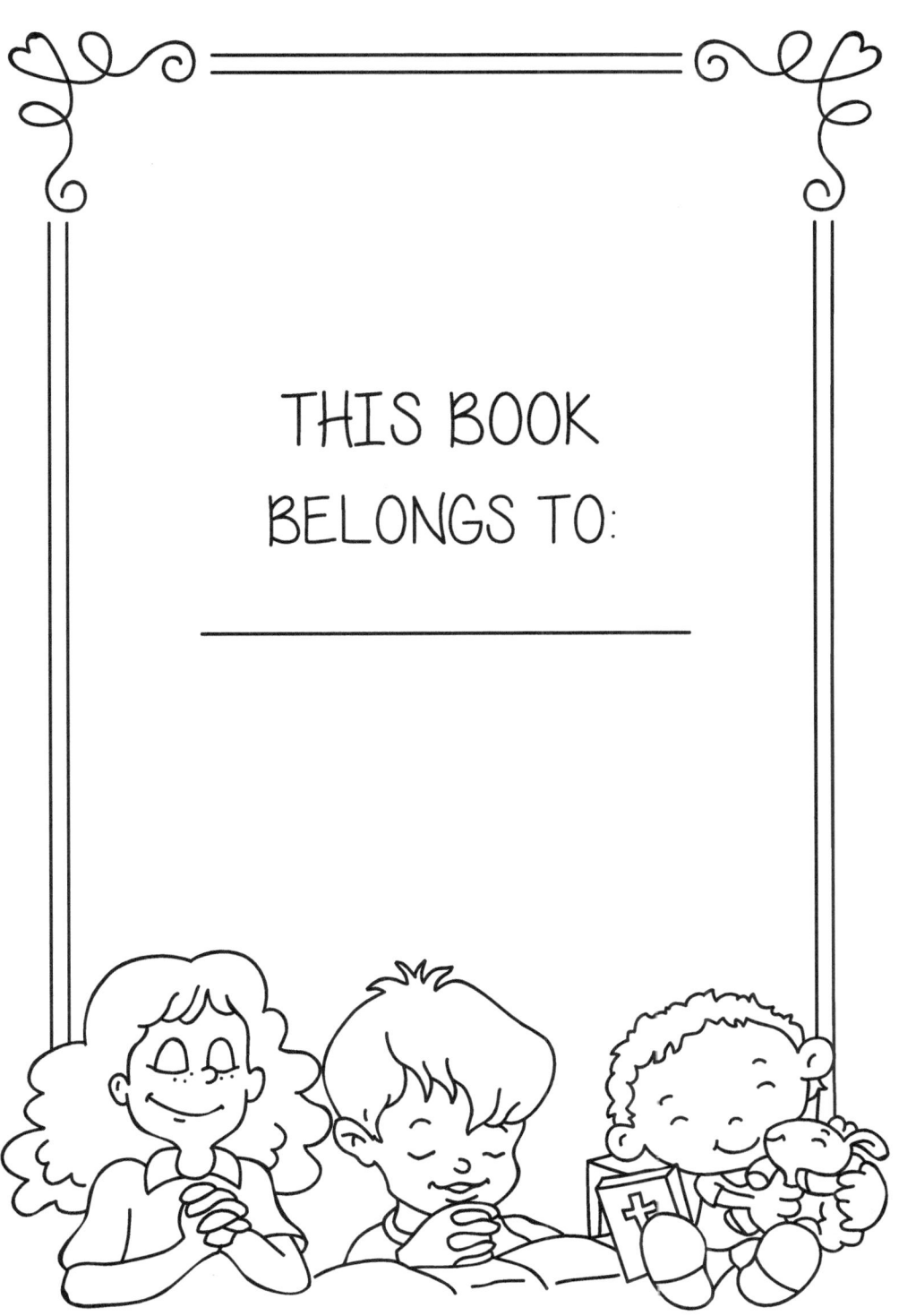

We shall _____ the LORD your _____ with all _____ heart, with all your _____, and with all your _____.

Deuteronomy 6:5

<u>Words to use:</u>

Strength, love, God, soul, your

FIND YOUR WAY THROUGH THE APPLE.

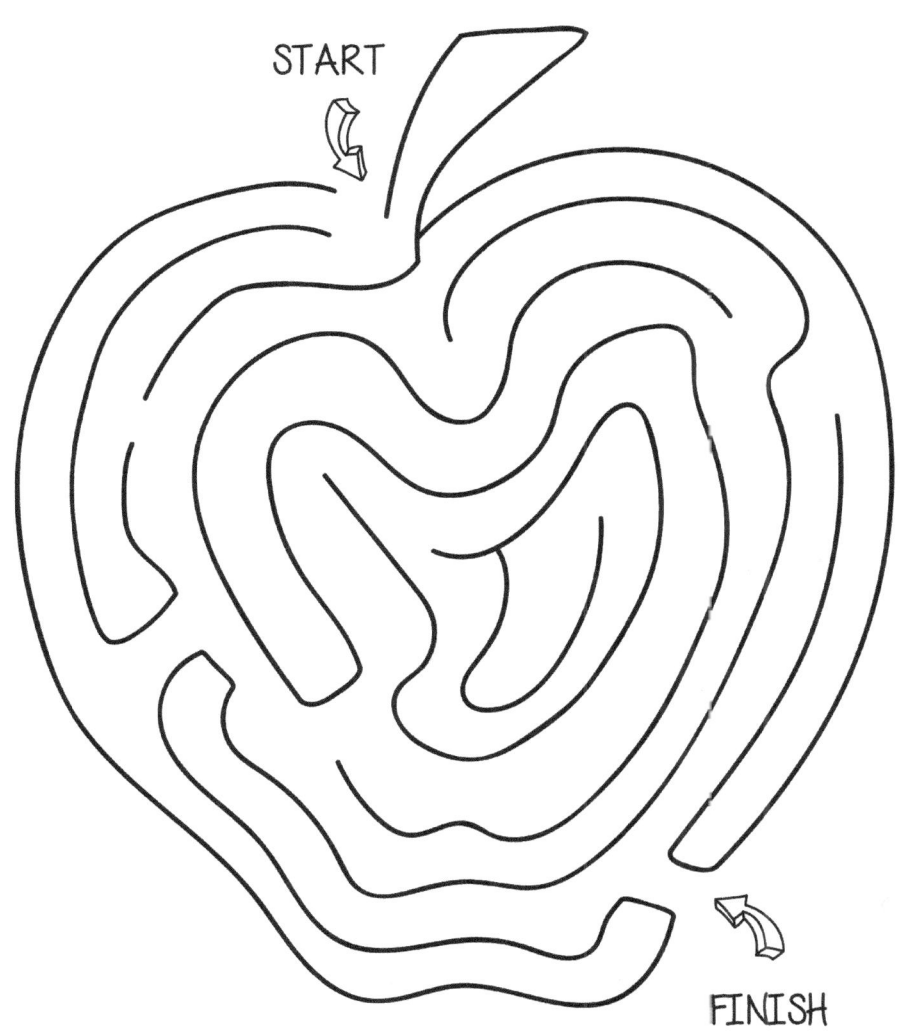

10 Commandments

1. SO'GD MAEN _____

2. BTHSBAA _____

3. ETPASNR _____

4. IEL _____

5. OVCET _____

6. UITAFLHF _____

7. LTSAE _____

8. LLIK _____

9. IPHNUS _____

10. SSOEM _____

Animals in the Bible

```
T G O V J U B N M A J S G U K V R
X U X E I C B M F K F X R H W F M
F Y N X V P E I A Q B F Y S N W U
Q J U W K U E G Q L T K M S O O D
A Y X O G E A R V V K O I I I L H
M C Q G L G L D J V U K D Y L F M
D K N U B F P M L S T G R X G F B
O W D F H S R Z E D I J J M F V D
N N T H H H D O H O Q E N Y E W K
K U F Q Y E G J G V P Y G S X W C
E N E W J K W I P E M U O C S O O
Y Y F S Z A T H F E B D R F H H C
L E B T R U Q D H H T V T X B O A
O P X R W O M M A R Z S S H G F E
O Q A R D R H S P X I K V P U X P
J M A C W C H H A Y P U M V W Z H
K R Q X K X Y O L A F F U B L W A
```

Buffalo   Horse   Peacock
Donkey   Lamb   Ram
Dove   Lion   Viper
Frog   Mouse   Wolf

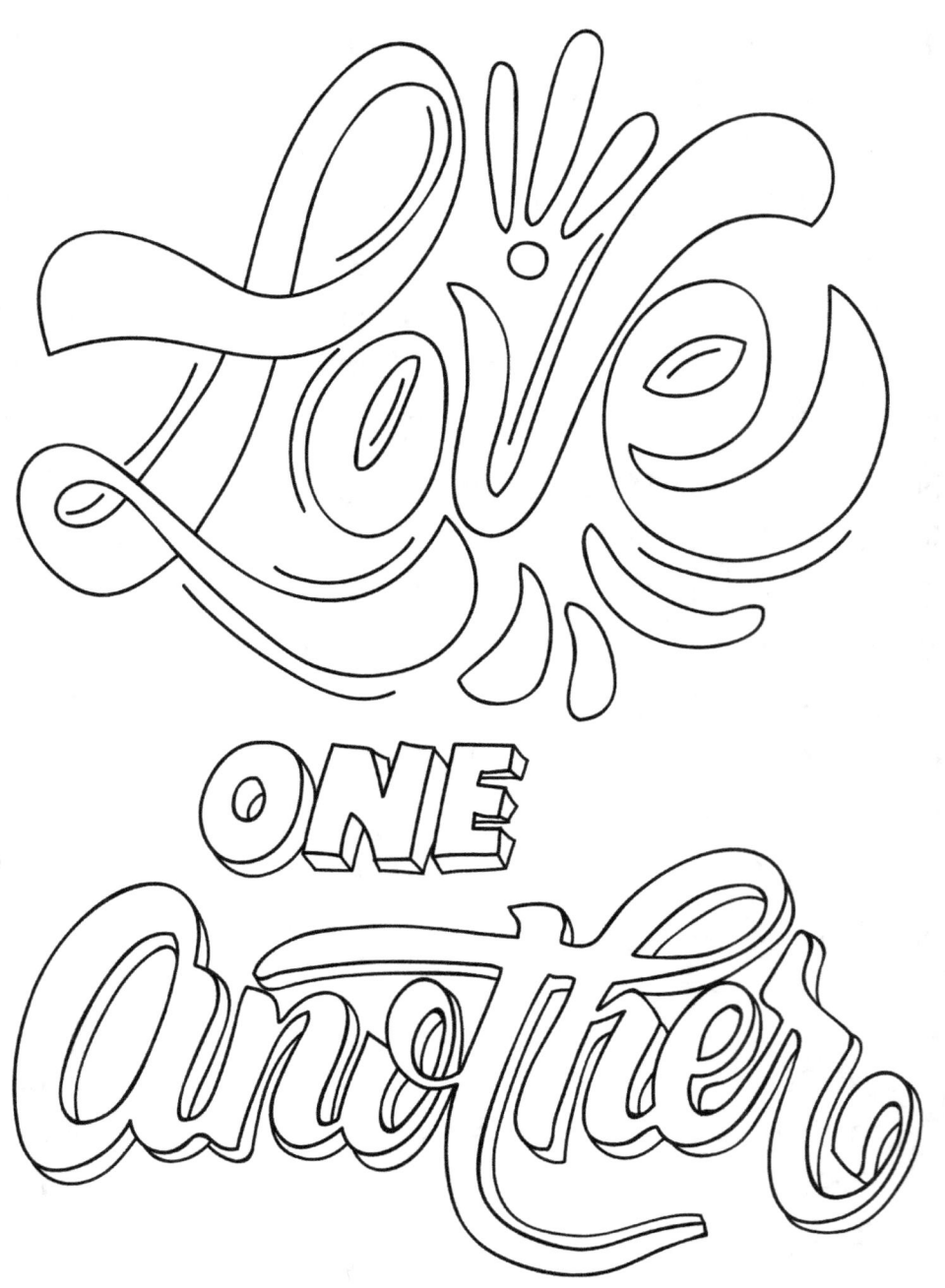

I _____ you God, for I am _____ and wonderfully made.

Psalm 139:14

<u>Words to use:</u>

Fearfully, praise

FIND YOUR WAY THROUGH THE DOVE.

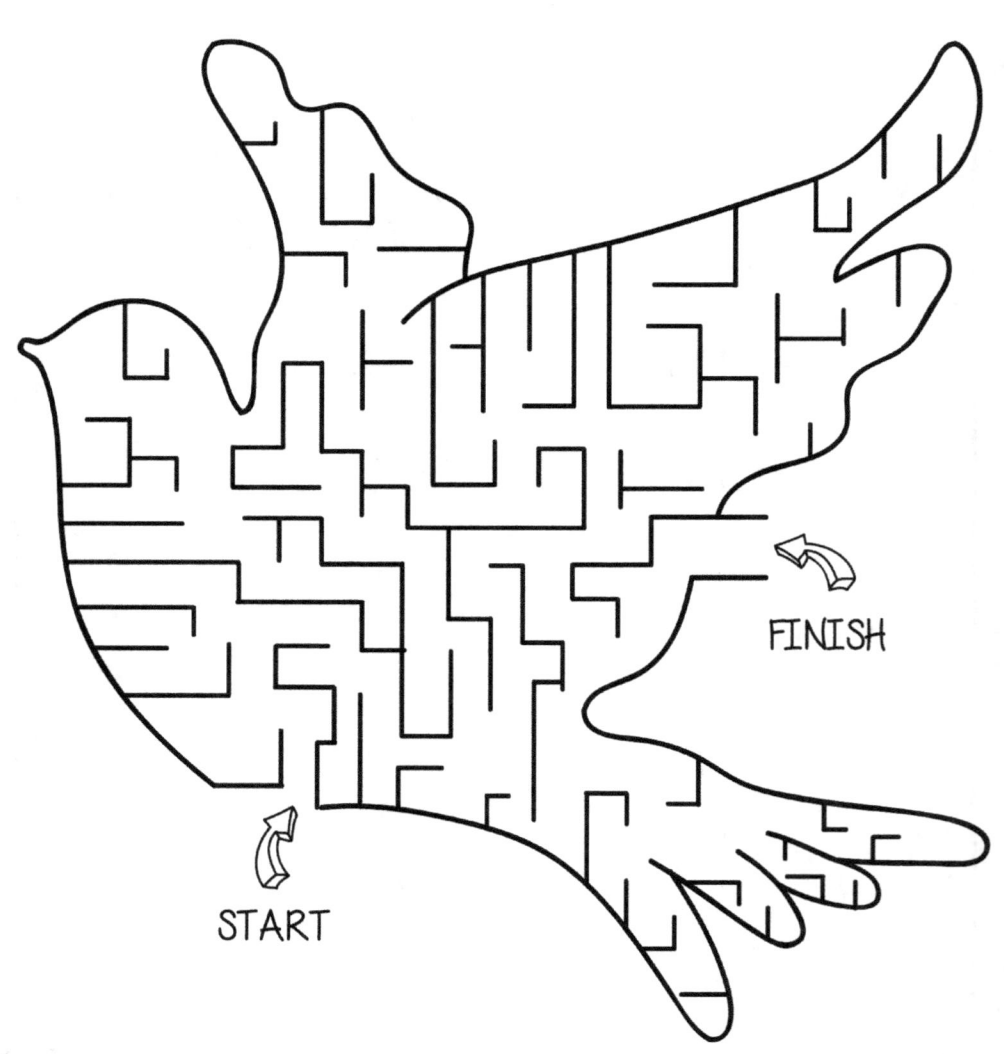

Daily Gratitude

1. RIGUADETT _____
2. FYMALI _____
3. DESRIFN _____
4. HGTARLUE _____
5. EMEISRMO _____
6. LHTAEH _____
7. ATNREU _____
8. EEPAC _____
9. HEOM _____
10. HUHRCC _____

Books of the New Testament

```
Q K J L W O I L J E L Q O B T N C
A A I Y R D D K F M L G E C V A S
C C V M N O Q L Q V Z M H A N A W
T Q D G T C K G I E U F I S Y E L
S N A M O R L U K E I I M E H P C
R I S J O H N S Q D T A F T X H Q
Q P N I N D S R B I R I T M Z E D
I U A T S C T Z M K A A P C Z S V
X T I N D S Z O O T M P E R F I O
K G H Z H H T Y R F T S J J E A A
Y V T M L H L W N C R R B A M N Z
O F N M Y L S N A I T A L A G S G
B U I S P H I L I P P I A N S Y H
Y M R T U B J C T I T U S J B K V
V P O Q R Y J U Q B H W S R L W M
I R C B K A R M S K Y V E M A A M
S A F N G U B Q M Q Y U O W A N E
```

Acts	John	Philippians
Corinthians	Luke	Romans
Ephesians	Mark	Timothys
Galatians	Matthew	Titus

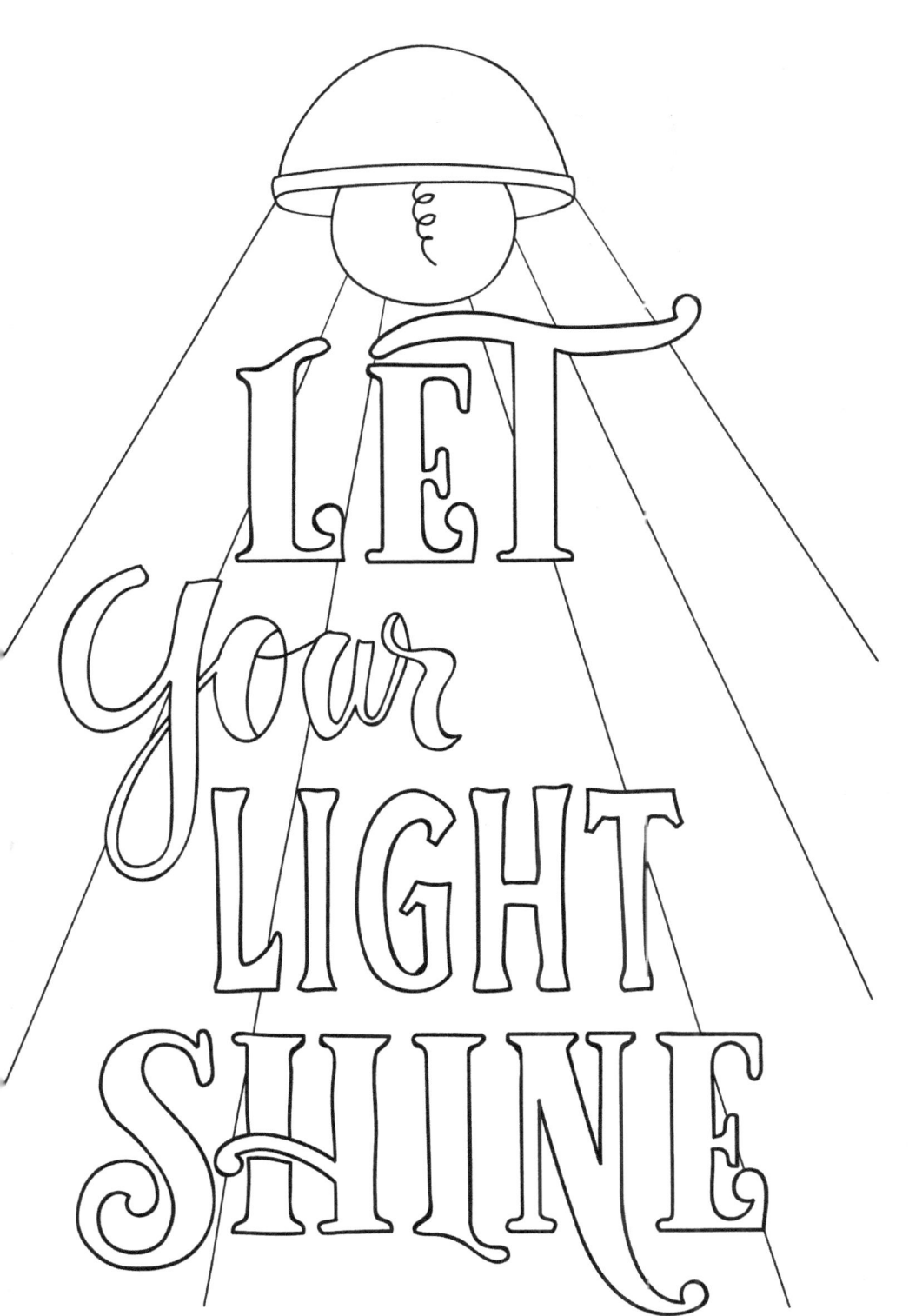

Children, obey your _____ in everything, for this _____ the Lord.

Colossians 3:20

Words to use:

Pleases, parents

HELP THE BOY FIND HIS WAY TO THE CROSS.

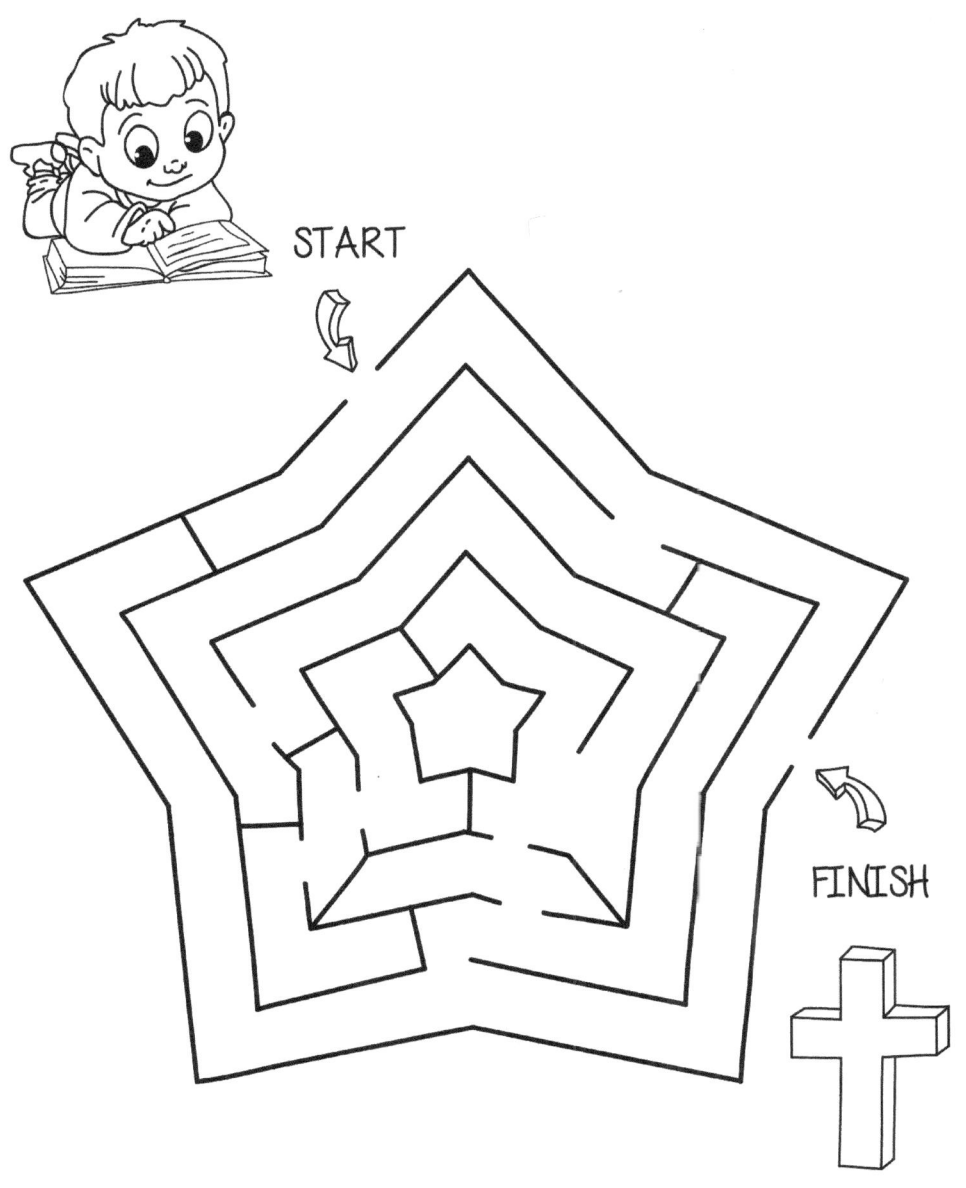

Jeremiah 33:3

1. AERNSW _____

2. DNEHDI _____

3. KONW _____

4. EIBBL _____

5. ALLC _____

6. AETGR _____

7. WLLI _____

8. TSGINH _____

9. OYU _____

10. TLEL _____

Christ is Coming Again

```
K L O T F G B O D W S M S W E R K
Y X U D C L Q K P T K F N D J O Z
W J A G K B W D A N D I H W A A R
A W H O Y I P N I I G L Z P T E H
B D C H J D D B F J Q G G I D T H
T F T O N L U C V I B N S I R G B
N K A L F R S A K P X L Q A L P G
C B W J F O C R M G O I E Y A R P
C K V G W W Q E L A Q F R S G A R
W O G C O H U F D E R T P O W E R
Q S E D E G M U Z K J P G M C Z N
T Z P A S C Y L Q M C T J F D M S
Z Z V P T W K R Z F T N N B F S Y
X E E S A G O E S C A P E G V Q S
N W B K R Z Q H V K U H Z Z V Q B
G B W Z S T A H V L O J N V U U J
Q X E G Q X L B J T V L Y T M Z U
```

Careful	Heaven	Stand
Earth	Lift	Stars
Escape	Power	Watch
Heads	Pray	World

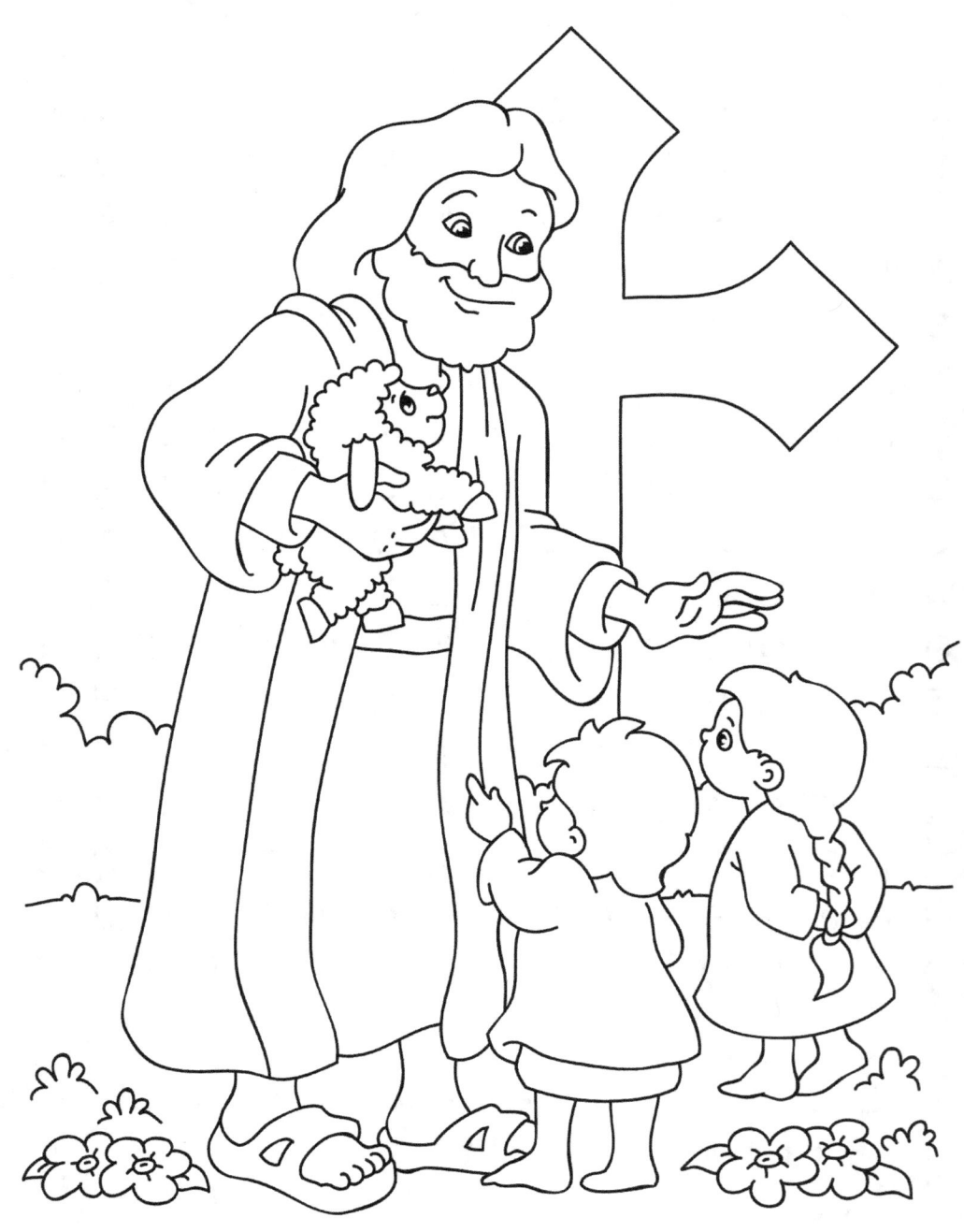

You shall _____ your neighbor as _____.

Matthew 22:39

Words to use:

Yourself, love

FIND YOUR WAY THROUGH THE ANCHOR.

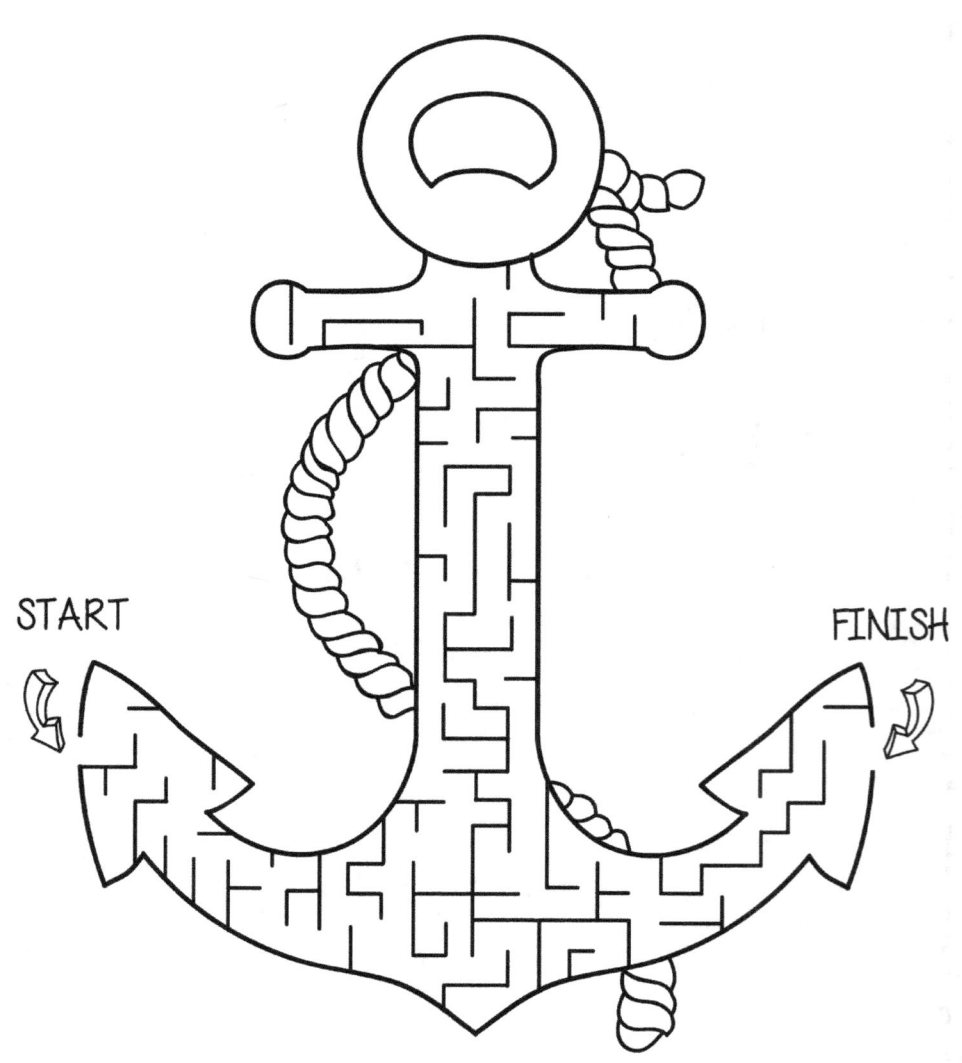

Easter

1. CREORTUINESR _____

2. REASET _____

3. UYSNDA _____

4. LAIFYM _____

5. SNRIE _____

6. OCRSS _____

7. AISVRO _____

8. NGPRSI _____

9. OSETN _____

10. CYNAD _____

Books of the Old Testament

```
M E O P Z H Q S H P W O X K M E Y
C Z T I A G I R B X N U M B E R S
T I V D G H H T A W J U D G E S I
U S G N I K J N K Z X V Z H J W S
K H G S F J P A E Z O K S T R V Z
K Y V E C Q S U D O X E E U S V O
X T C L G A M A U R K Z L R L G N
N N H C N Y U U F L V I O D T Y S
S U A I N H P K G R N V X G H I H
U H U N S H J C R I F A M B S F S
C G V O Y A S A M U E L H E M B N
I A J R D I C D R A W V N C X K L
T Y Z H M M X O Y R E E I K A R R
I L U C R E O O Z Z G X L Z W V P
V T K M J H N V Z E X J Z O P F Y
E G P F G E Y J I J H Y H X K L M
L C V B X N K H M L X P A N P E L
```

Chronicles	Joshua	Nehemiah
Exodus	Judges	Numbers
Ezra	Kings	Ruth
Genesis	Leviticus	Samuel

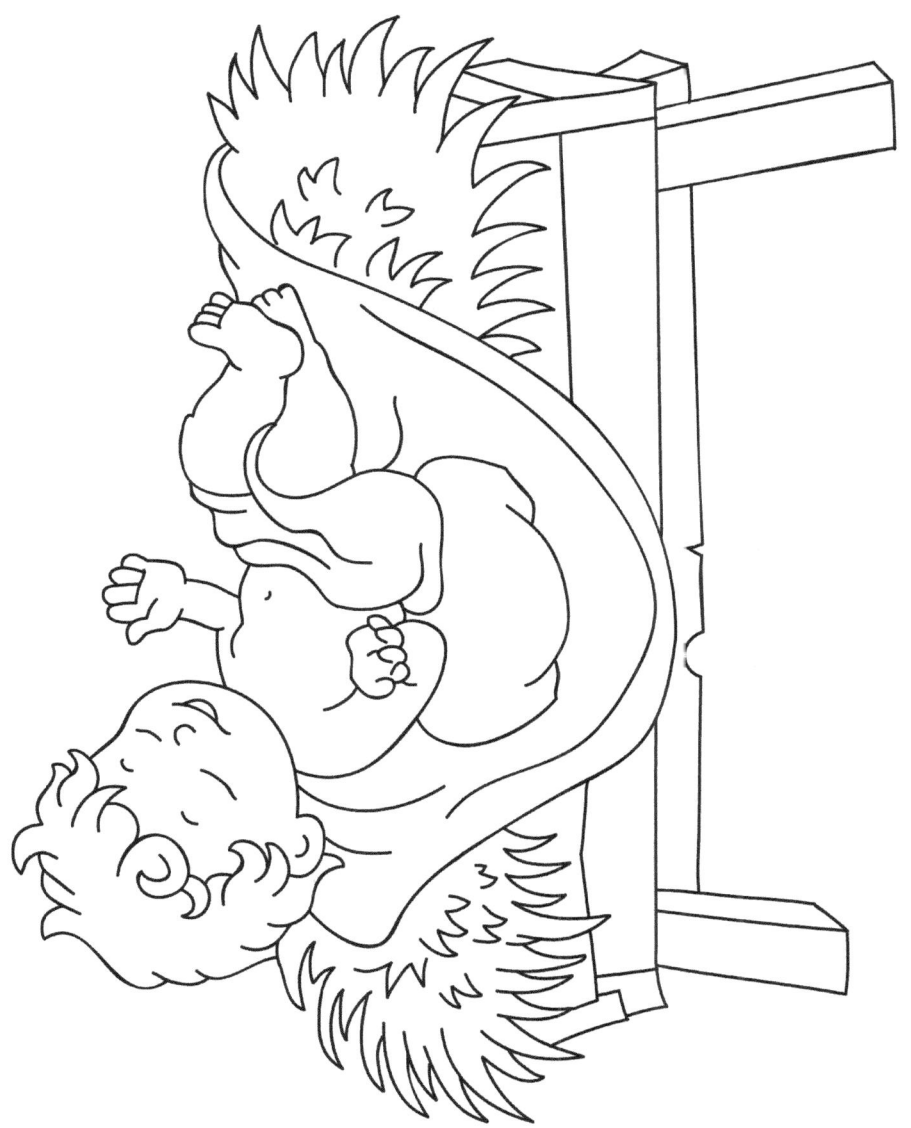

Give _____ to the Lord, for _____ is good; His love _____ forever.

Psalm 107:1

<u>Words to use:</u>

He, endures, thanks

FIND YOUR WAY THROUGH THE ANGEL TO HER HEART.

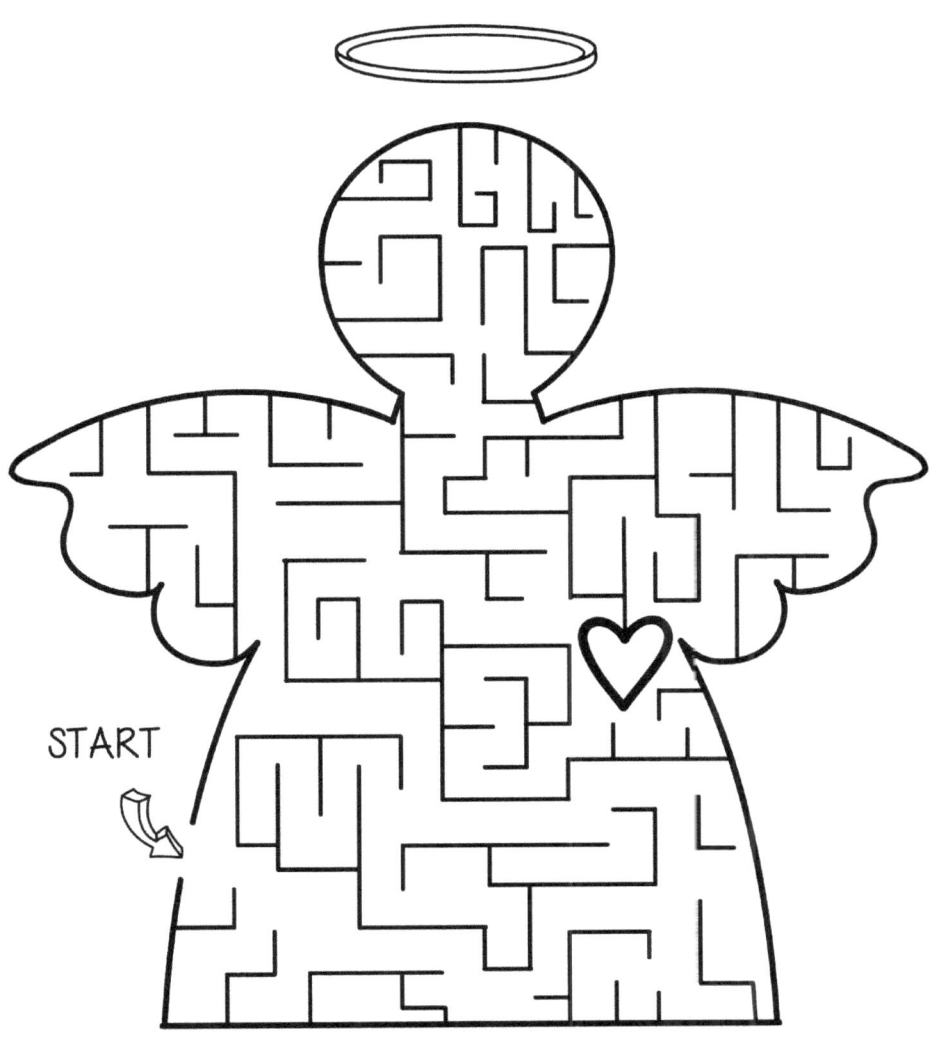

Faithful Women of the Bible

1. IGIALAB _____

2. ANAHHN _____

3. REHSET _____

4. ARYM _____

5. LIDAY _____

6. EREAKHB _____

7. RHEBODA _____

8. LEAJ _____

9. THUR _____

10. AHRAMT _____

Do Not Worry

```
U P H T R E A S U R E S U K S V G
H D A N X I O U S M L I T I T B S
G J Y R S C X S Q Y O R D N S U D
Q K I W P V N R J J A D Q G X E I
E I L Q A R U T W M J B F D O Y F
A P A X X H F A I R E L A O Z C Y
R R K S E O L K C H M X T M T S E
T A D A O L J H K V M P H W I Z N
H I V D W Y A W K V M K E P D A T
F E R Z T O O V E G I K R E Z F E
N A V F I R B Q A B N V X E Q D U
N W G D R Y S D R I B A S D H H V
Y B A Y O F Q L F G P U O E T Y P
F B H T E O B X H X S H A Z N B H
S K L A E N E B D E D R E N X J O
E H R E Z R J B J H T Q J T O Z N
Y R C R C G G J A I W C B V H V V
```

Anxious
Birds
Earth
Father

Fear
Food
Heart
Heaven

Jesus
Kingdom
Treasures
Worry

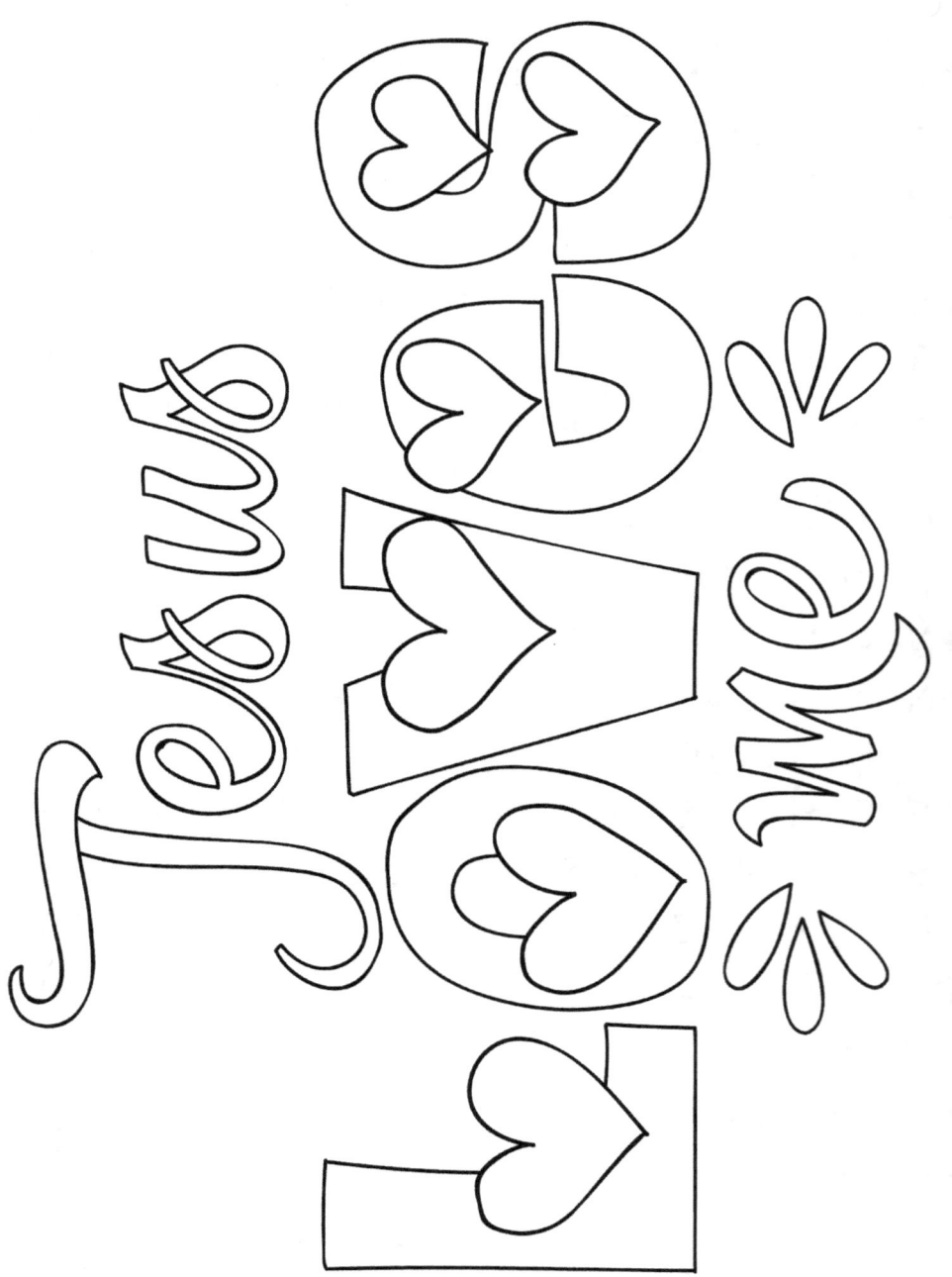

Be kind and _____ to one another, forgiving _____ other, just as in _____ God forgave you.

Ephesians 4:32

Words to use:

Christ, compassionate, each

FIND YOUR WAY THROUGH THE FISH.

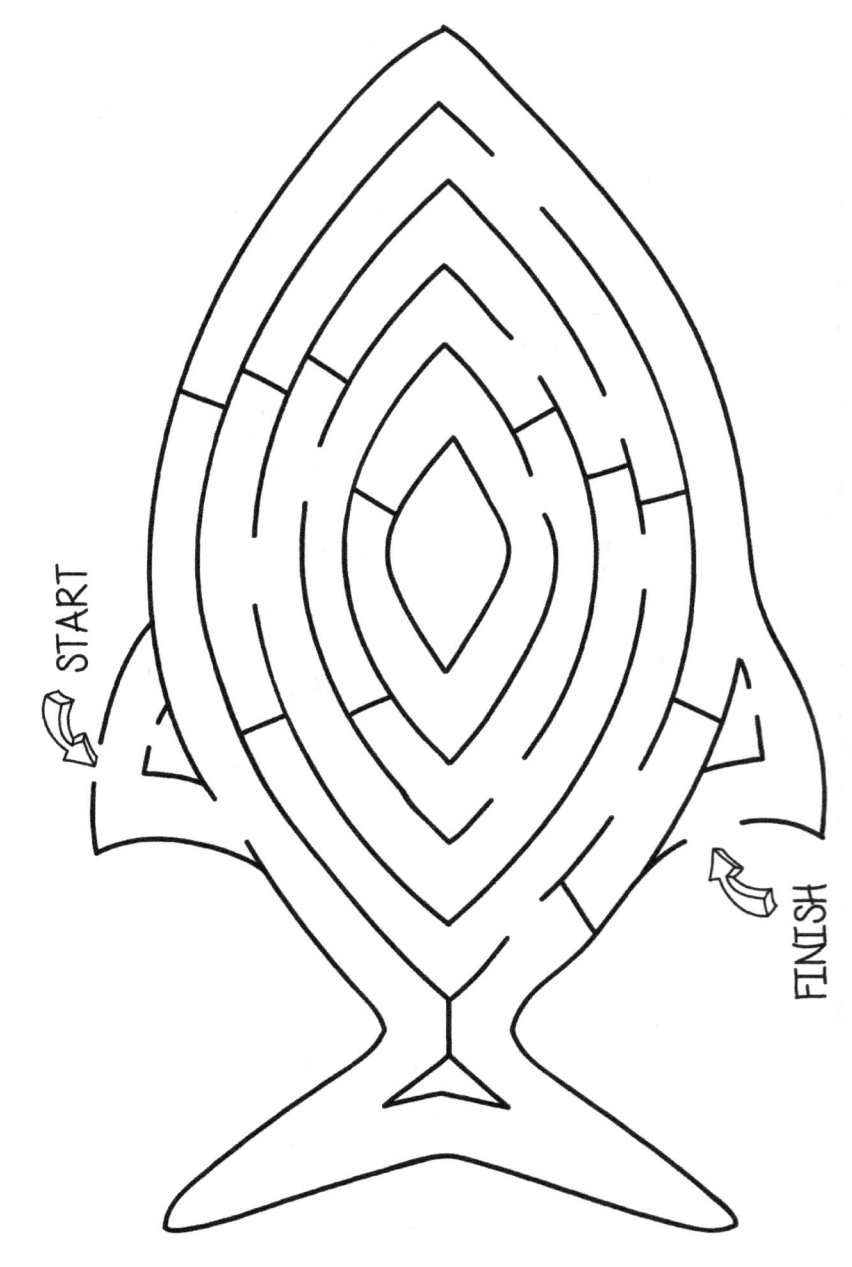

Ephesians 4:32

1. OTHNRAE _____
2. HSCRIT _____
3. SMONSOAPIC _____
4. IDNK _____
5. OFEARVG _____
6. JSEUS _____
7. RFGGVOIIN _____
8. GDO _____
9. CHAE _____
10. SJUT _____

Easter

```
R L T E A V Y Y A S O H S A C H U
I I O L A N O I T C E R R U S E R
S C V V P S S G E C I F I R C A S
E E V I E N T L U P X C T U K L A
N U H B R W M E T Z O Z A M A I G
H U Q C P S N Q R R E Z M G D Y U
W H L Y N H J G F P E R Y J Y L D
U B F A H A C M W Y F Y A V T M D
W Q B D W O R E G G Z Q A D J Y Y
E I P I A X O B X N D B D R G O V
D O X R T Y D H M A I H M F P B L
N F Y F V J Y U S L F T Y D T Q U
E E G D Z E V S V P A K S S O R C
S M Y O A Y U C X A J P W A E M D
D L H O Z J N Y Y Q J W Q A F C Y
A O P G V S K A O Y S H Z I A A A
Y Q M V J X A Y Z N O D P P C D I
```

Ash
Cross
Easter
Fasting

Good Friday
Love
Palm Branch
Prayer

Resurrection
Risen
Sacrifice
Wednesday

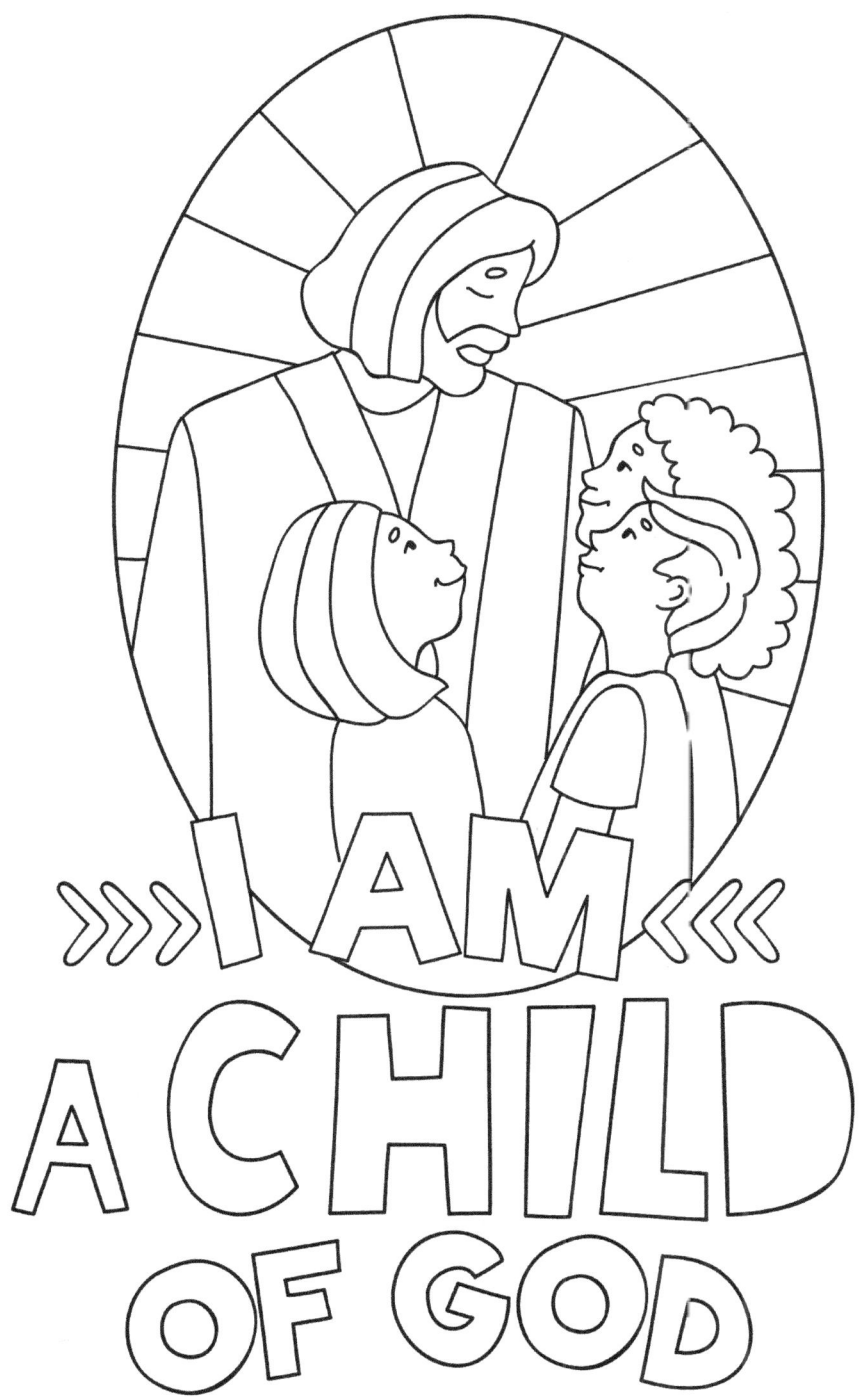

We _____ because he first _____ us.

John 4:19

Words to use:

Loved, love

FIND YOUR WAY THROUGH THE CHURCH.

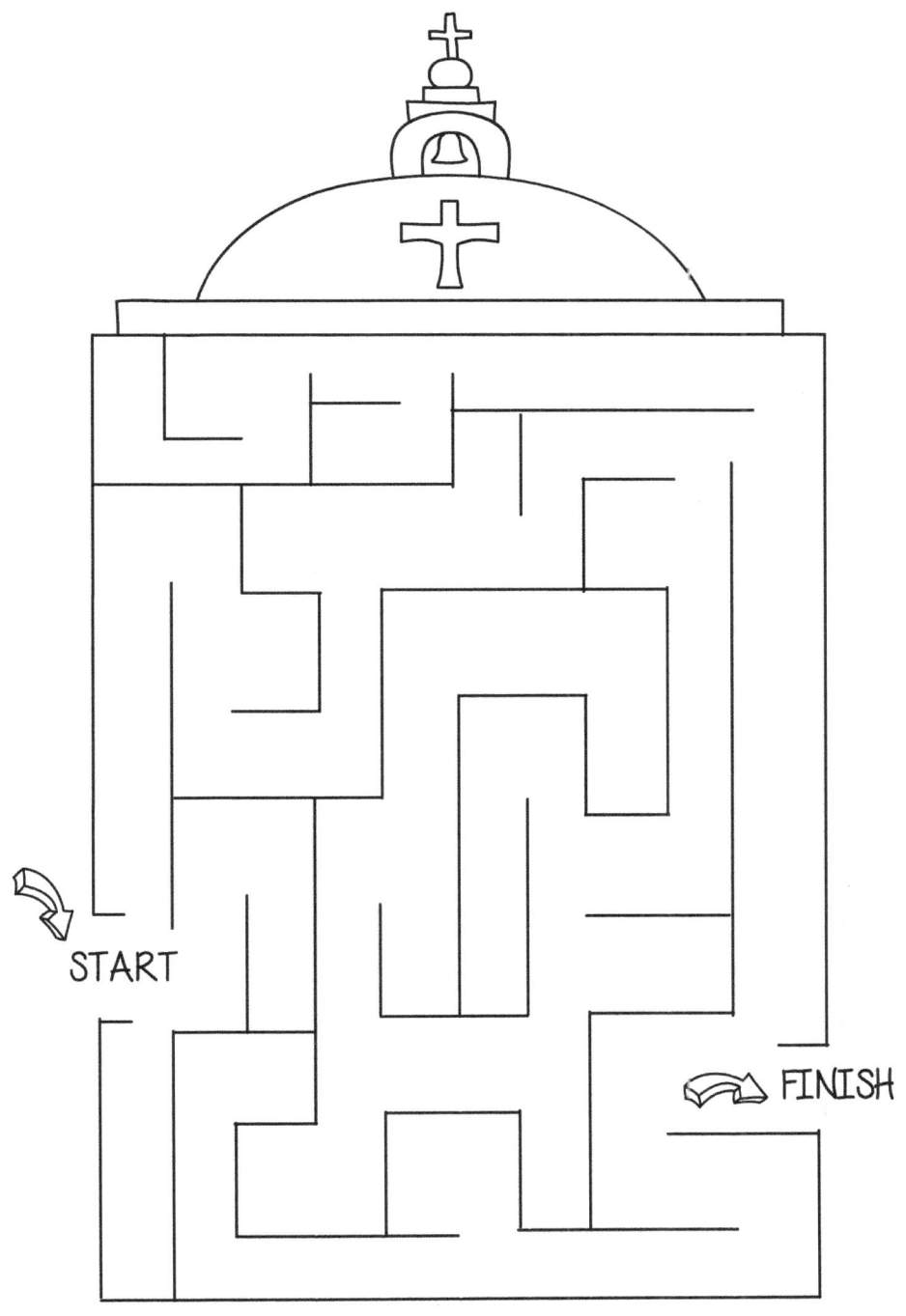

Matthew 6:33

1. VIENG _____

2. IRFST _____

3. DOIGKMN _____

4. EEKS _____

5. LBBIE _____

6. ATTEMHW _____

7. NSIHGT _____

8. ALL _____

9. EHIGOUSRT _____

10. OYU _____

Fruit of the Spirit

```
W B Y I S D B Z Z O S E N A V E K
I L N F U S Q N P X M H B O K F A
P U N D S R B Y M O P G W K F R X
N N J G E S S E N D O O G O X U T
W E M J J B M Q X S X T Y O O I Z
H F A I T H F U L N E S S M U T E
A P H P A S N P F D C W L Q Z S V
V A B T V D E I E V P E W D V S O
V T E K C N P L O O A E K H S W L
L I N D E E Z N F D C T A E R E T
X E N A R W L N U C O T N C A K Z
I N K I N D N E S S O E I M E U W
Q C N N U B I R J V L N S R E D Z
U E X Z I E E O N T Y J T F I A R
T Z W P Y S Y G N F Z C X R M P L
O P J I C J S E K Q N T J D O D S
U T Q Y A E G U U P F H V Z F L F
```

Faithfulness
Fruits
Gentleness
Goodness

Jesus
Joy
Kindness
Love

Patience
Peach
Self control
Spirit

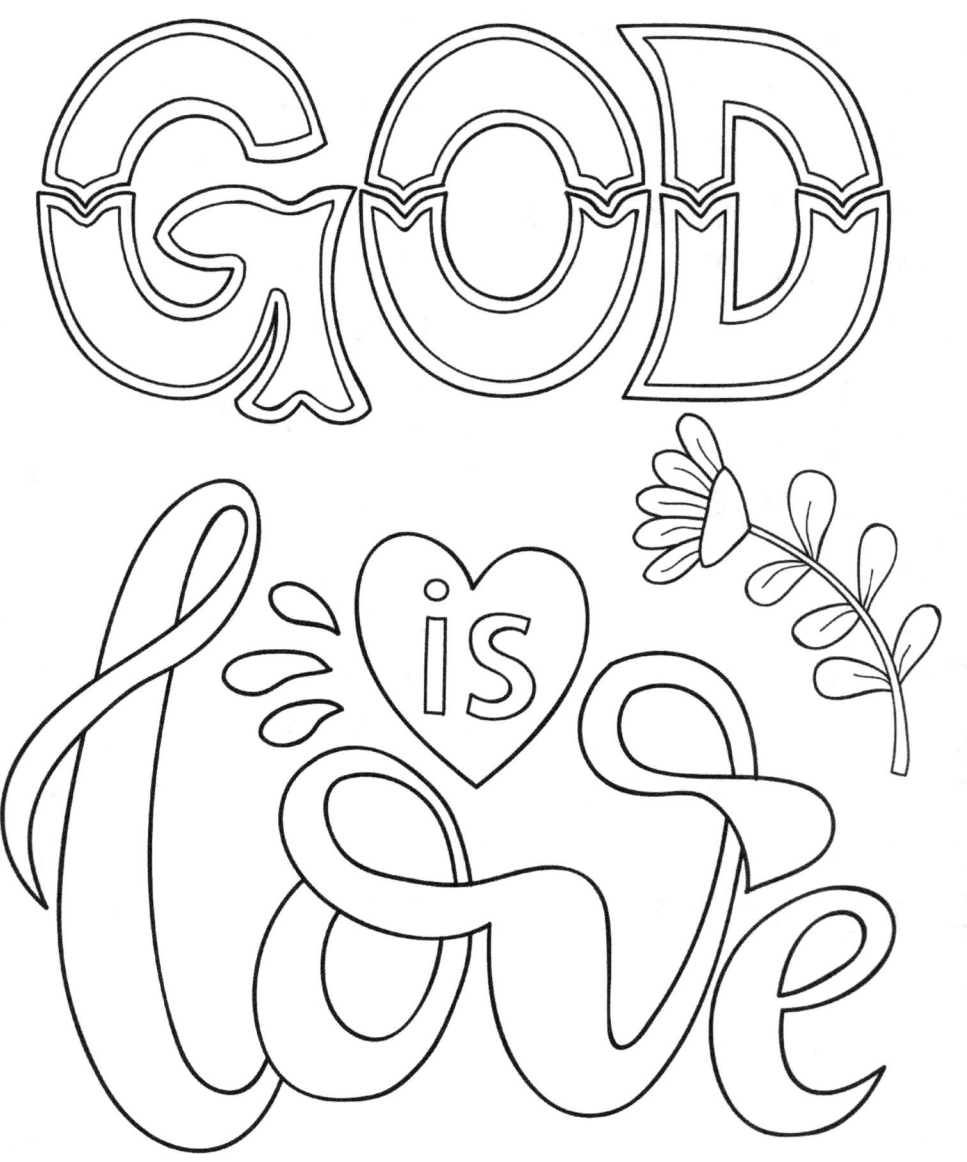

Don't let anyone look _____ on you because you are _____, but set an example for the believers in speech, in _____, in love, in faith and in _____.

Timothy 4:12

<u>Words to use:</u>

Purity, down, conduct, young

HELP THE PEOPLE FIND THEIR WAY TO CHURCH.

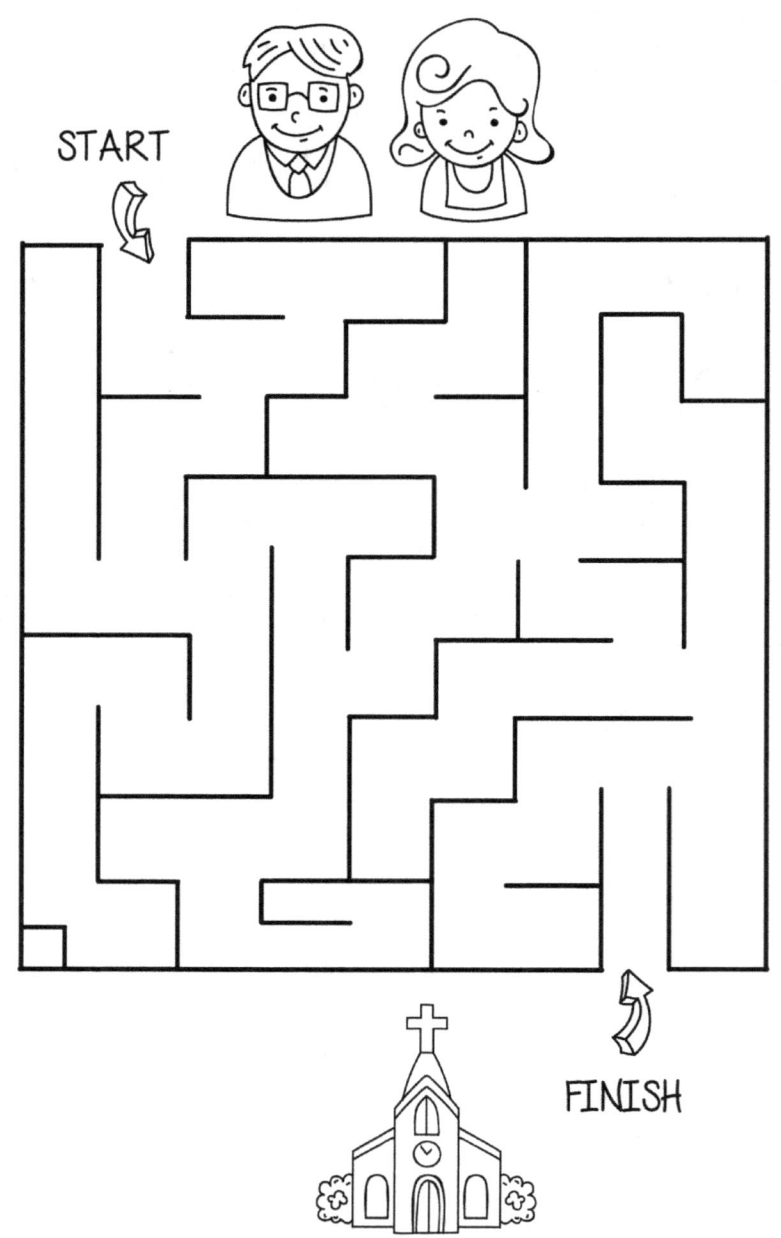

John 3:16

1. AETLENR _____

2. HSPERI _____

3. BLVEEEIS _____

4. OSN _____

5. EHEROVW _____

6. DEVOL _____

7. EFIL _____

8. LWROD _____

9. GEVA _____

10. HNJO _____

Gifts of the Holy Spirit

```
Z Z S G J S B W O V N L W H O C E
Q I Z L V E A H Q I D T C A C H W
T J E J T E A C H J F N P U E I W
X Z L I C K R C N U O E B S G V W
M O D S I W M O F P K M P E A F E
I F I I M A H E K I E N B L R U U
S A R A P O S T L E S R N C U H Z
D P U Z E V R E S H A E R A O E T
S T I T P O E I M E T C T R C A R
O J N H I P X Z P A R S G I N L U
Z H R K S K W A V X P I K M E I Q
F A I T H R S O F C Q D T I D N B
M K X C K T E S D K P S N X I G Z
G C K S O J U D U J V Z F R R I P
U D B R M K Z L A F S S S B V C E
Q P S E R A H S T E O Y K W K E Z
S Z V E C M Y L L C L D L V O M F
```

Apostles
Discernment
Encourage
Faith

Healing
Leadership
Miracles
Pastors

Serve
Share
Teach
Wisdom

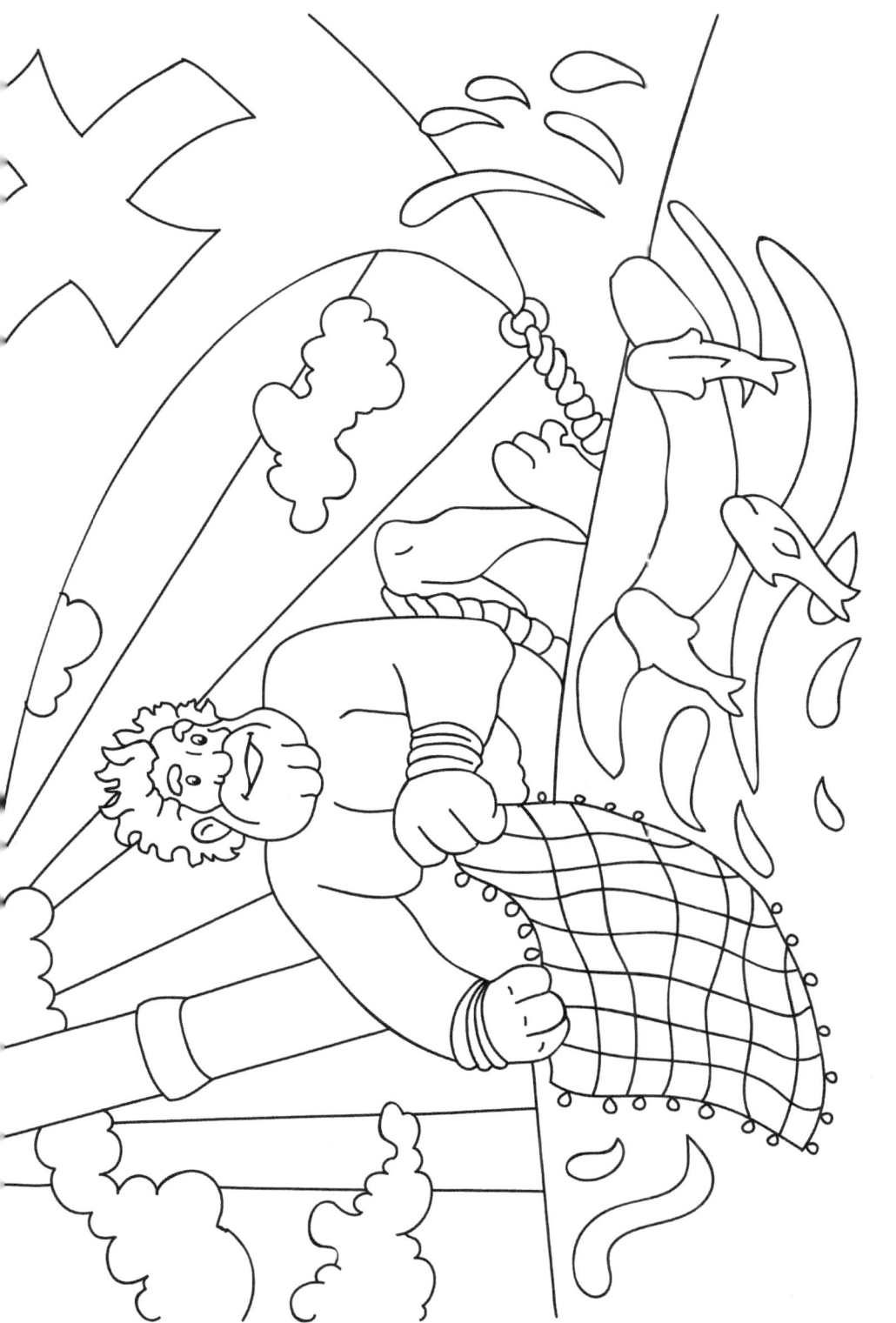

So _____ created mankind in his own _____, in the image of God he created him; _____ and _____ he created them.

Genesis 1:27

Words to use:

image, female, God, male

FIND YOUR WAY TO THE HEART OF THE SHEEP.

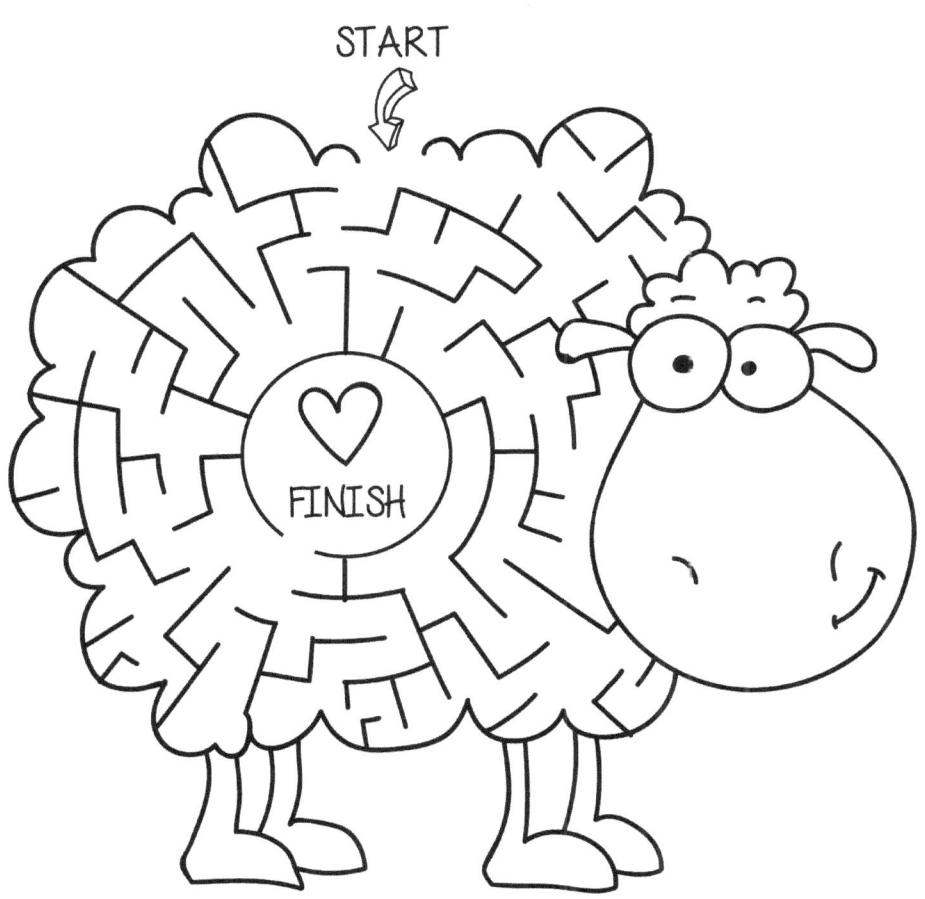

John 15:5

1. UBRDEN _____

2. UETR _____

3. WTRHEIS _____

4. IRFTU _____

5. WTHONR _____

6. IMNRAE _____

7. RRADEENG _____

8. YRGLO _____

9. IVESN _____

10. ARCNHB _____

Gratitude

```
V R I Y M M M C D G J S E Y W C C
A S N Y Q X E D S D U U P T R M H
Q R F G F R U L Q N I Z K P E N E
P Z K R A M O U S Z S C Q W T U A
T N Q A I V K H Y X R A U V H T R
O B R G E E I Y Q M E Z V V G Z T
G G Z L C N N P U N W V S H U T D
J R I Q E C R D K U O C C L A T T
X A Z Z B Z U X S S L O H F L B V
V M B K F N F I A T F X H A Z H H
H V A G Q U L H G P L S X S C D M
E F V P G B A N I M A L S A U U Y
A B A H D N A T U R E M M D S U H
L V H M H J C B G Z S U G E F L O
T N R J I E H M M M S G U L U U M
H C Z I A L L F X I D L R J I M E
V T G A T W Y M C K Y A E D C C F
```

Animals
Family
Flowers
Friends

Health
Heart
Home
Laughter

Love
Music
Nature
Sunshine

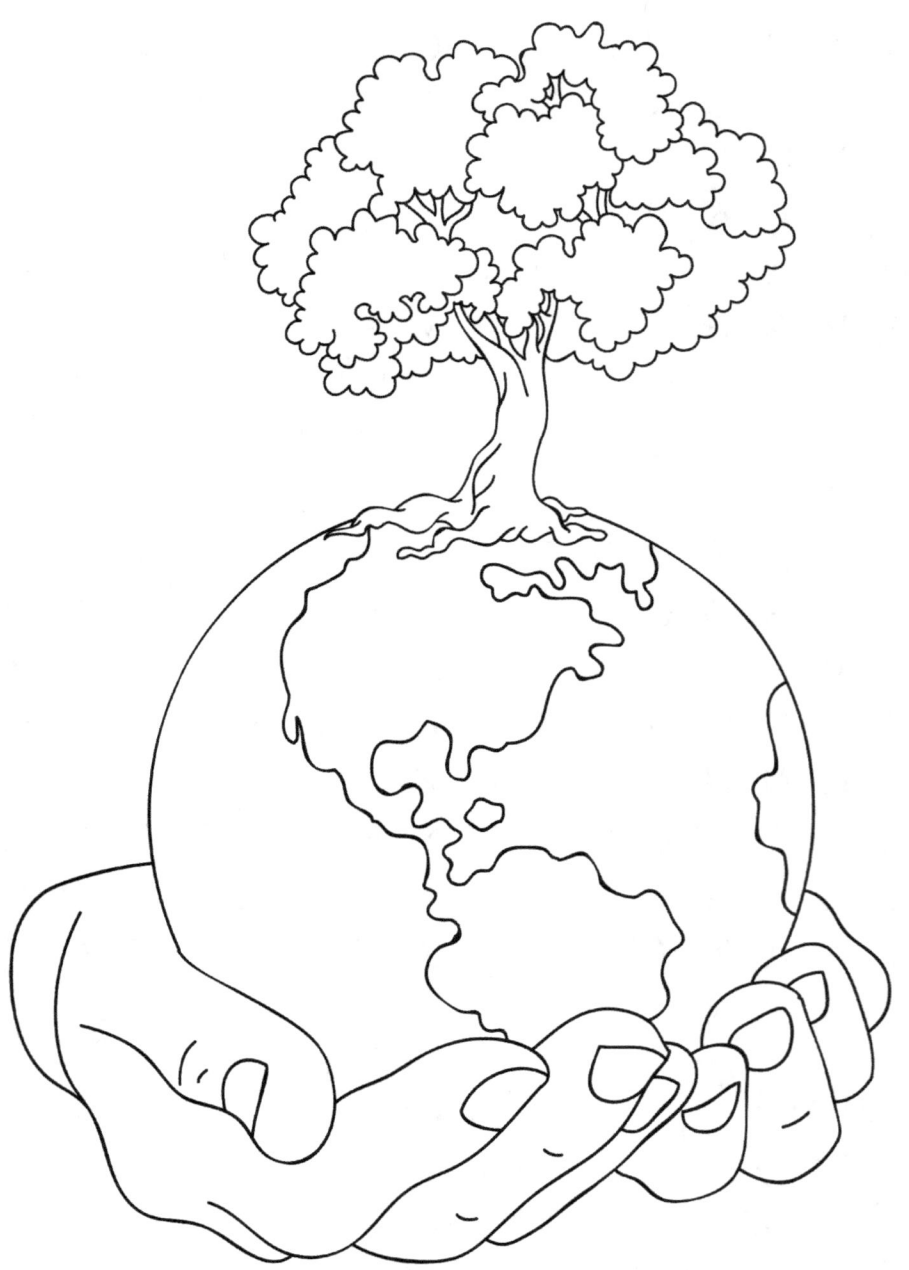

Come, my _____, listen to me; I will _____ you to _____ the Lord.

Psalm 34:11

Words to use:

teach, fear, children

FIND YOUR WAY THROUGH THE BUTTERFLY.

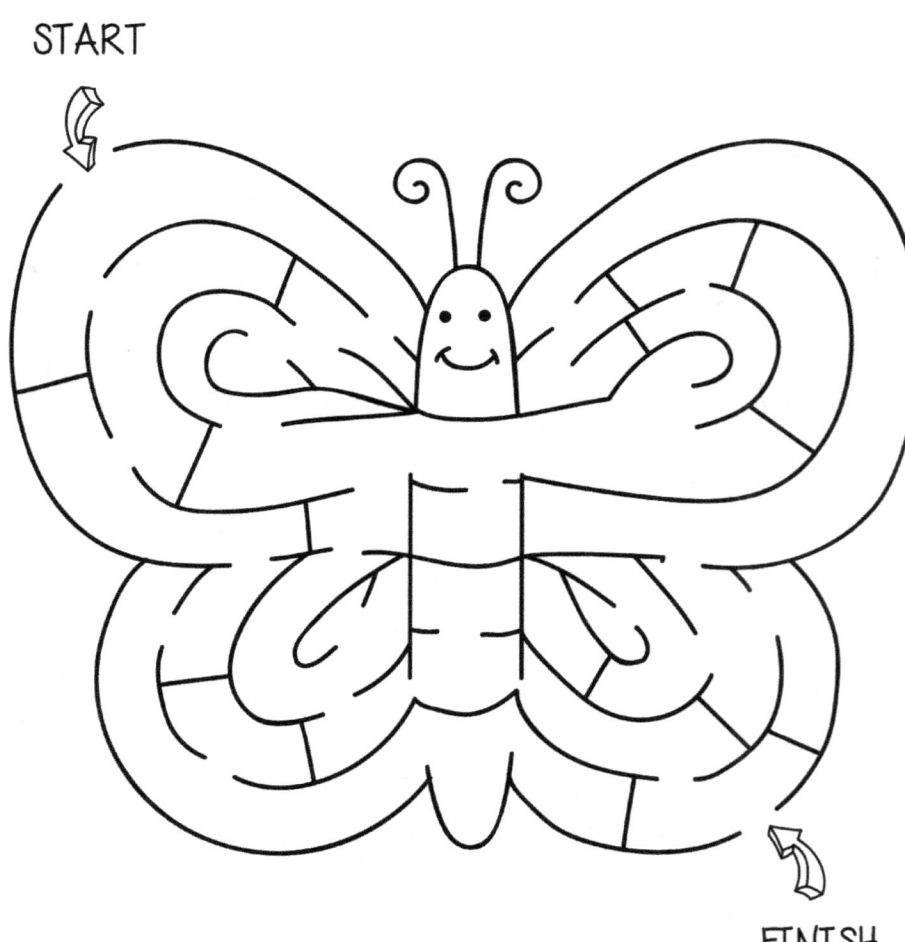

New Testament Books

1. JAESM _____

2. SNORAM _____

3. ATWETMH _____

4. EUKL _____

5. EDUJ _____

6. MIYHOTST _____

7. TSITU _____

8. OCNIOASSSL _____

9. ATIAANLGS _____

10. KRMA _____

Birth of Jesus

```
G V G I F T S O J A S G S Z F D B
D L K S B L Y A L N J U O J F P J
E F E N E M E S I W S D A B D M H
D D S I N N I X N E J U V J A Y Q
K V M J R A B W J A Y O B U P K B
G O D I H B O B M Z N I S K M K D
A O Q C S S A E V O A G R E T Q A
E W S W N P C G J V P D E I P O S
Y G J J J L U T A D W I W L I H R
B K R Q B Y Y D R M S L T Z S A T
Y X M A N G E R N D J Y V K C W G
Q U S T A R F W W N C Q Y X Z O F
C M I G L I K X U L J Y C O Q R I
M Q U A G N C D P A M A R Y E L O
C A G Z V R E P E E K N N I X P R
T K W N C N Y S U Z L E I P H S O
E R A U T X W P Y J G J Q U Q I Z
```

Angels
Gabriel
Gifts
God

Inn
Innkeeper
Jesus
Joseph

Manger
Mary
Star
Wise Men

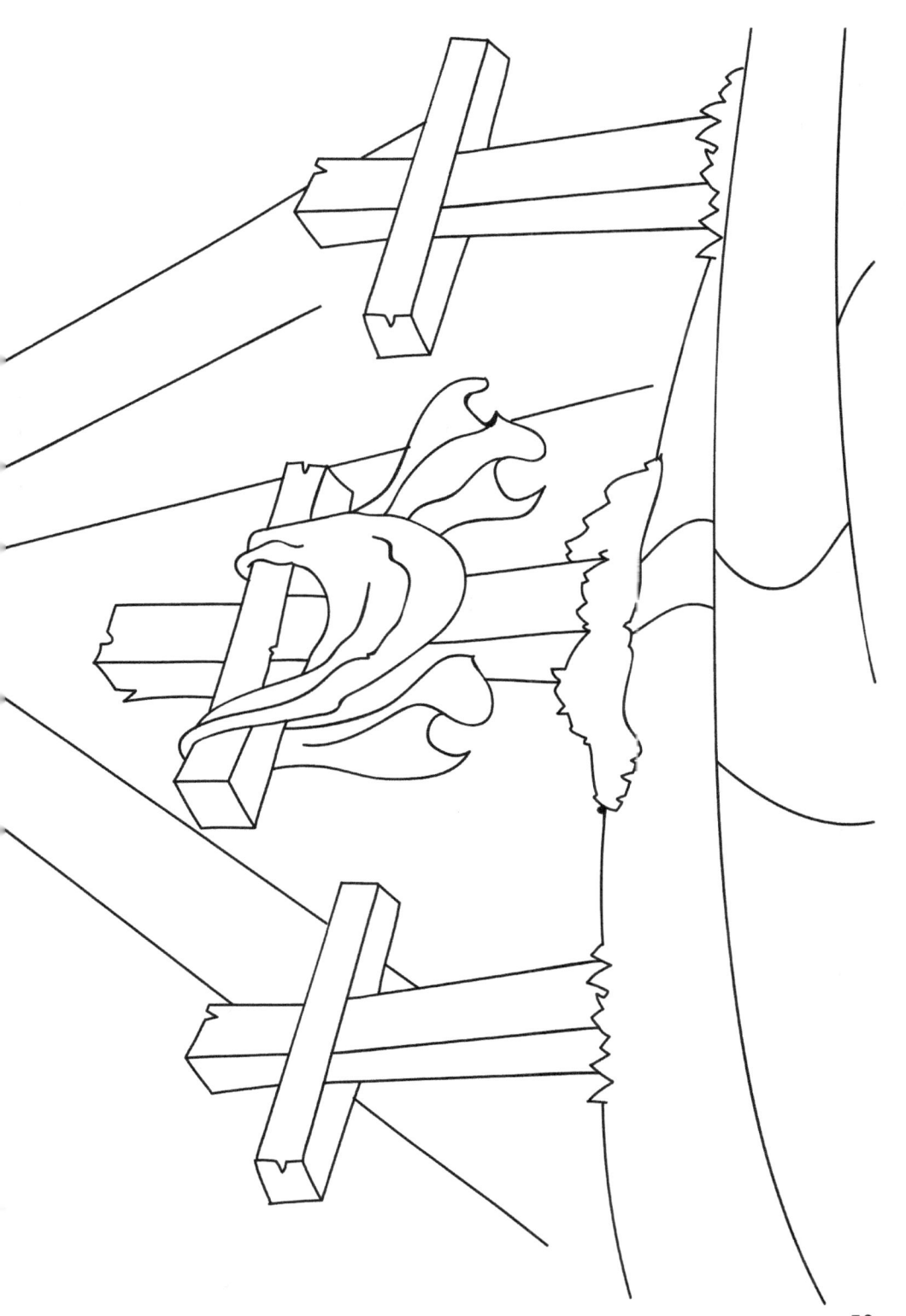

I can do _____ this through him who gives me _____ .

Philippians 4:13

<u>Words to use:</u>

Strength, all

FIND YOUR WAY THROUGH THE BUNNY.

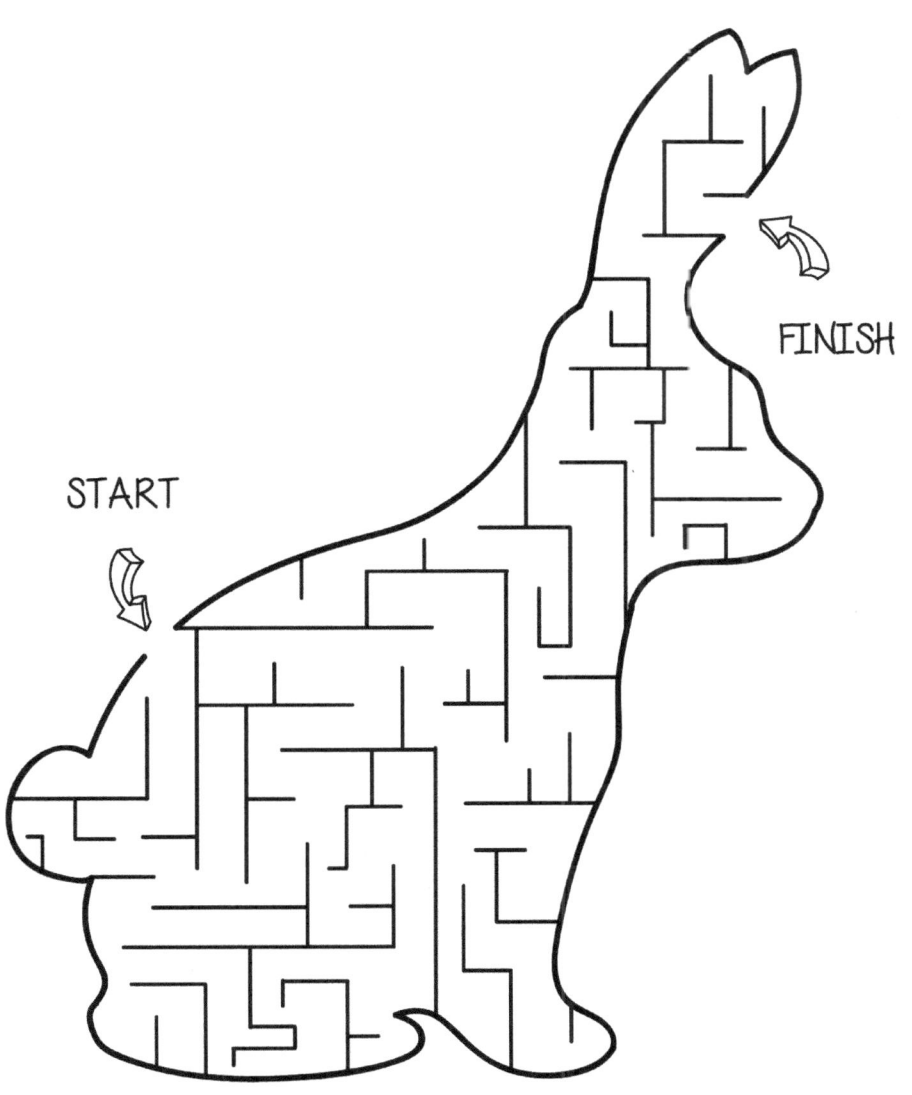

Foods of the Bible

1. REUSMCUBC _____

2. IFSG _____

3. SREAGP _____

4. IHSF _____

5. QLUIA _____

6. ASRINIS _____

7. ELNMOS _____

8. HSEBR _____

9. KILM _____

10. SNVINOE _____

Prayer

```
H Y B X T Y Z Q P L L X C L K J P
N J Y S T I B X K L Y H G X P J M
O C C R D R N Y G T M O D G N I K
R Z H O S H E V D K R P E N Z F R
Z A U T R V B W H I C B V O A A Q
H T P B G Y T T O P Q A I I R T B
O U G E A P R F T P N E G T M H H
N B Q D W A H E M E R Z R A M E H
R W Z L E A F F C W O K O T P R Y
T H E A V E N Q P Z D I F P M K L
D A E L Z P B G Z E E X R M E M E
L O I C V K X J W J R D E E I J Q
B P O F W Q D O P J B Z M T F H C
I L W N Z D L E X K G L O R Y C Z
X D E O M L A H Q A M E N Q L V S
O V T Y O Y D R T N Q O C H R R U
P G E H S G Q A X V Q S V E G Y C
```

Amen
Debtors
Earth
Father

Forgive
Glory
Heaven
Hollowed

Kingdom
Lead
Power
Temptation

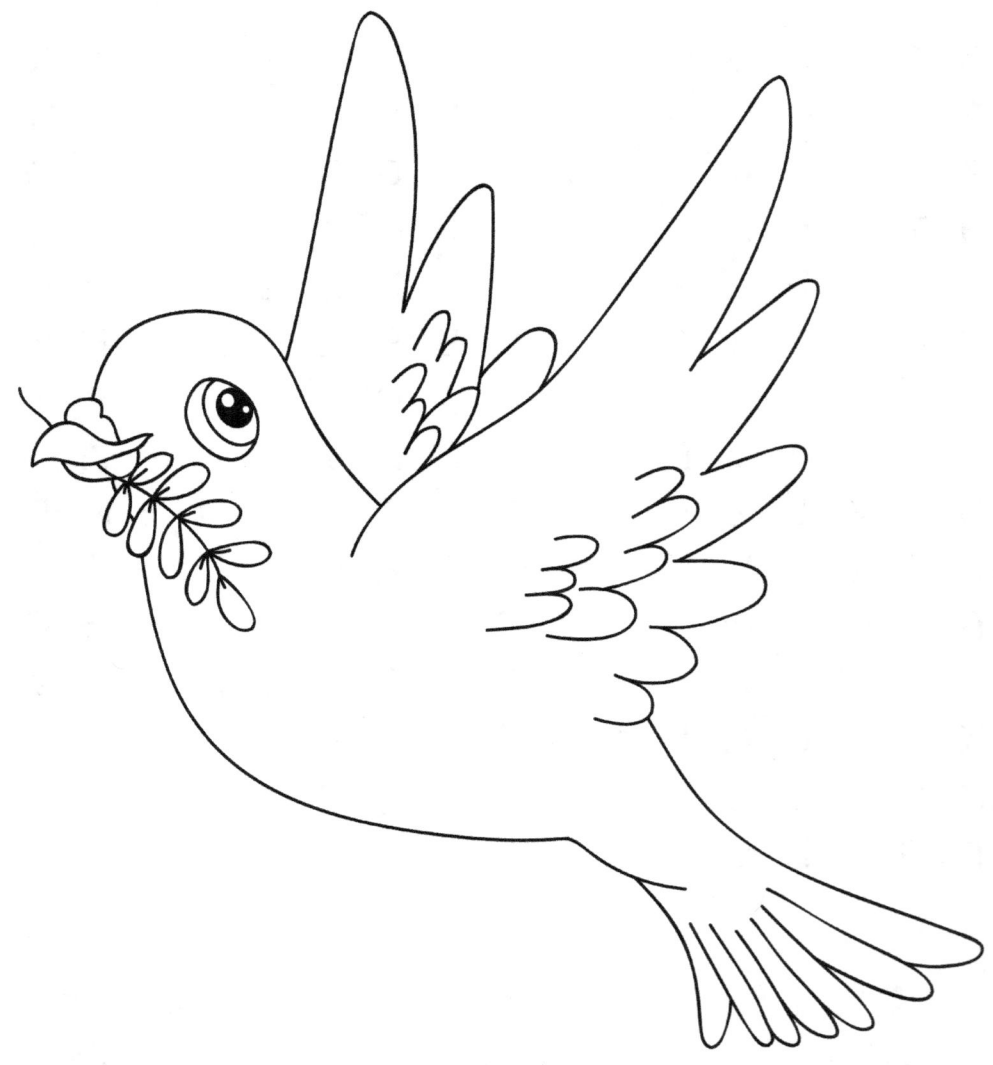

_____ answered, I am the way, the _____ and the life. No one comes to the _____ except through me.

John 14:6

Words to use:

Father, Jesus, truth

FIND YOUR WAY INTO THE CENTER OF THE ARK.

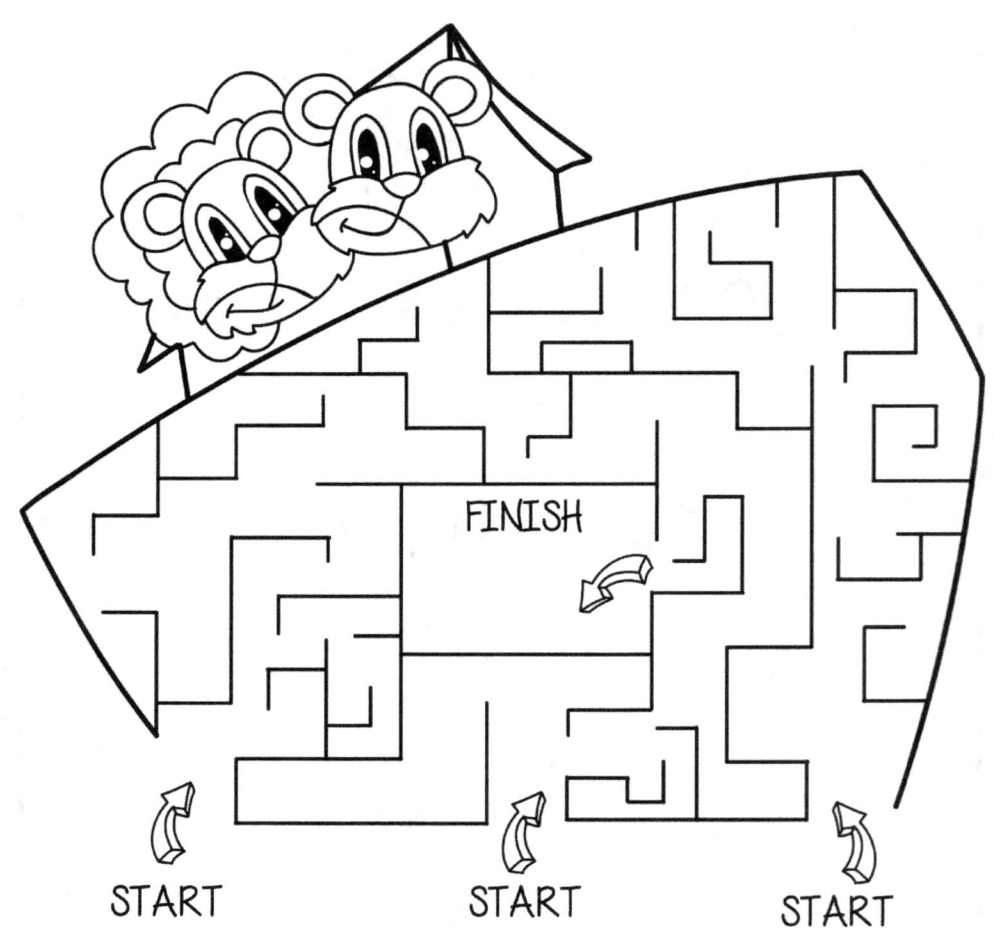

The Power of Words

1. RKSPA   _____

2. CNAEO   _____

3. RFIE   _____

4. HTERA   _____

5. SAERPI   _____

6. DURRDE   _____

7. HOESR   _____

8. IEBLDR   _____

9. EAJSM   _____

10. EWORP   _____

My Shepard

```
A R D J U V O Q F F A T S P E J B
P T P E E G Y X X P N D F X H B M
T Q R D N D F P C O T Z Z D F M O
C R O U E G W L H X Z X B J O A T
J Q T M M Z P J U F K X V D D O K
M L E V Y G W X R Q T J W D V J G
B F C F C J D L P L I V E W H G D
H M T M D W R R D E M T Q P M D D
A T I N C C L H O Y E Y Y P R U R
I Z O M O P U X R L P H D Z I H E
Q T N P I N M P I B E O S S N Z H
U X L V L F Z V W N I Y U F M G P
F G P F N O E C Q F E S M J U D E
W I G K H S Z A F F E S H T V E H
R Q S T V L C Z R J W E W A C Z S
J I A J L A O M L Y B N X U K W W
P P G M C Q M I I L V H Q F Q J X
```

Enemy
Evil
Fear
Good

Jesus
Lord
Oil
Path

Protection
Sheep
Shepard
Staff

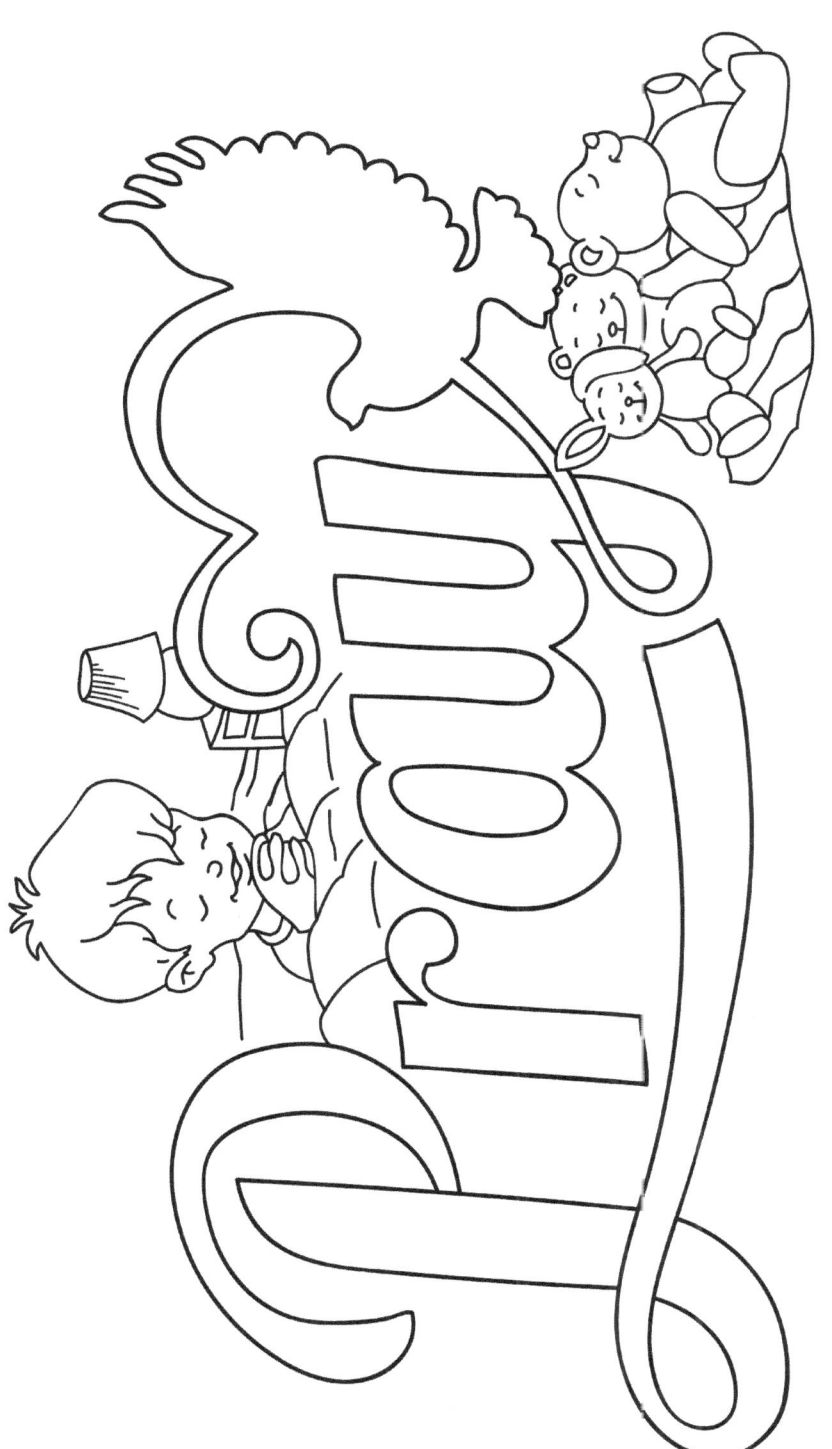

And now these _____ remain: faith, _____ and love.
But the greatest of these is _____ .

1 Corinthians 13:13

<u>Words to use:</u>

hope, three, love

FIND YOUR WAY THROUGH THE WHALE TO GET TO NOAH.

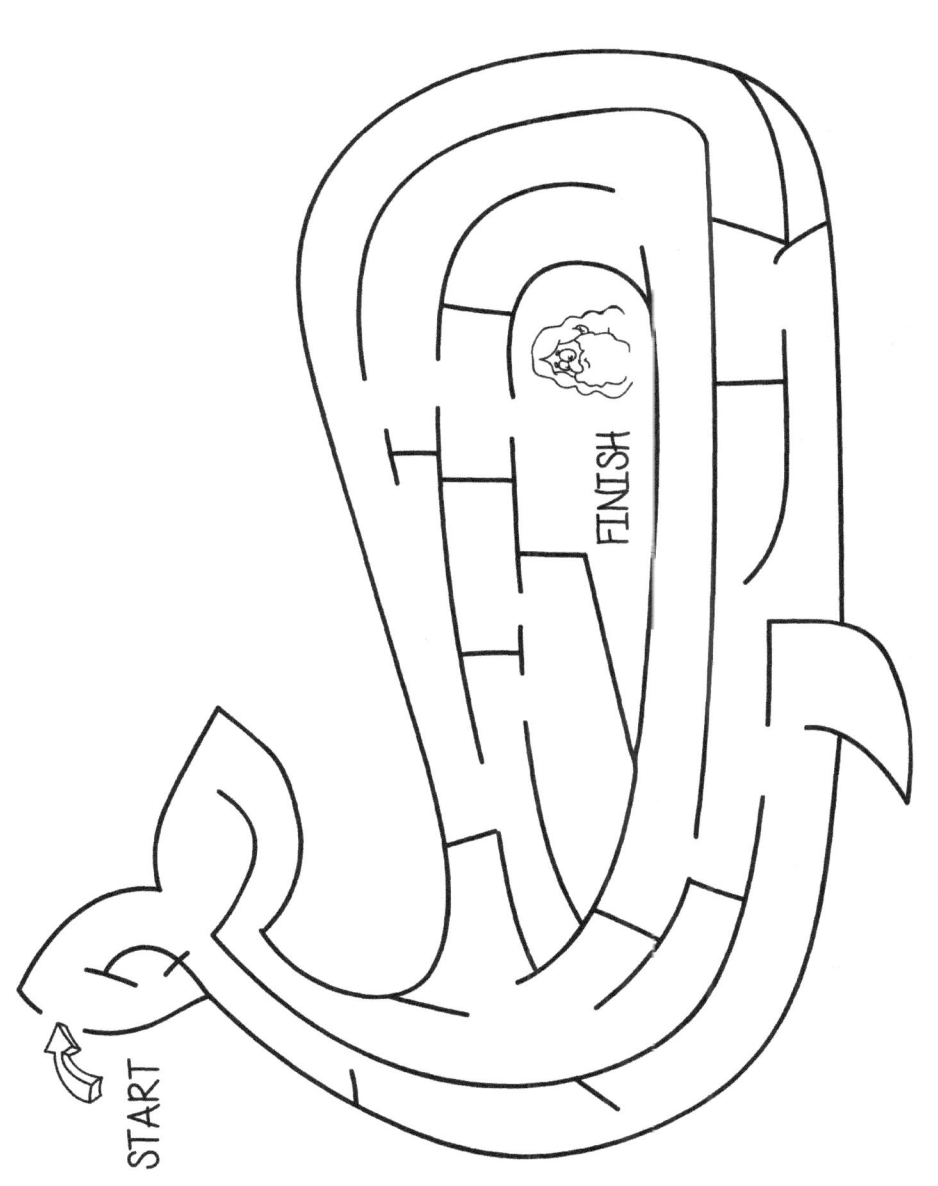

Old Testament Books

1. ESSINEG _____

2. DXEOUS _____

3. ESICVUILT _____

4. REAZ _____

5. URTH _____

6. LSEUAM _____

7. LRCNCSIOEH _____

8. AUSHOJ _____

9. SGDEUJ _____

10. IHHNEEMA _____

Split the Red Sea

```
F T T N B M O D V T V Y F E X L Z
C Q X B I G L M N B W U R K O Y M
X J T U K N R L B U D K L P M O L
O A V K L I G L Q H O N Z R A N G
V C T M M L R A Z Y A R A E E W E
F M U F V E B F G M F B G U S H O
G Z I I T V V P O I O Z M E D U P
E G P Z O A R J S M V M T K E R B
G H O W R R N R K D E V A S R B K
E F U Z V T A A N G E L H O Y F O
I M K Q R E H B H T L N L S Z Y Y
P U X P L P W J D K K O E V H K R
T J A G Q C Y R X T W S B Q S M J
D R U T T G Y O P A R T P C O O Q
M T U W X R Z U T O M G I C N S Y
D P P S X G O E H E M C L G T E W
B X B F T U R T H S B U W Z Q S O
```

Angel	Horses	Saved
Army	Israel	Traveling
Dry	Moses	Trust
Ground	Red Sea	Water

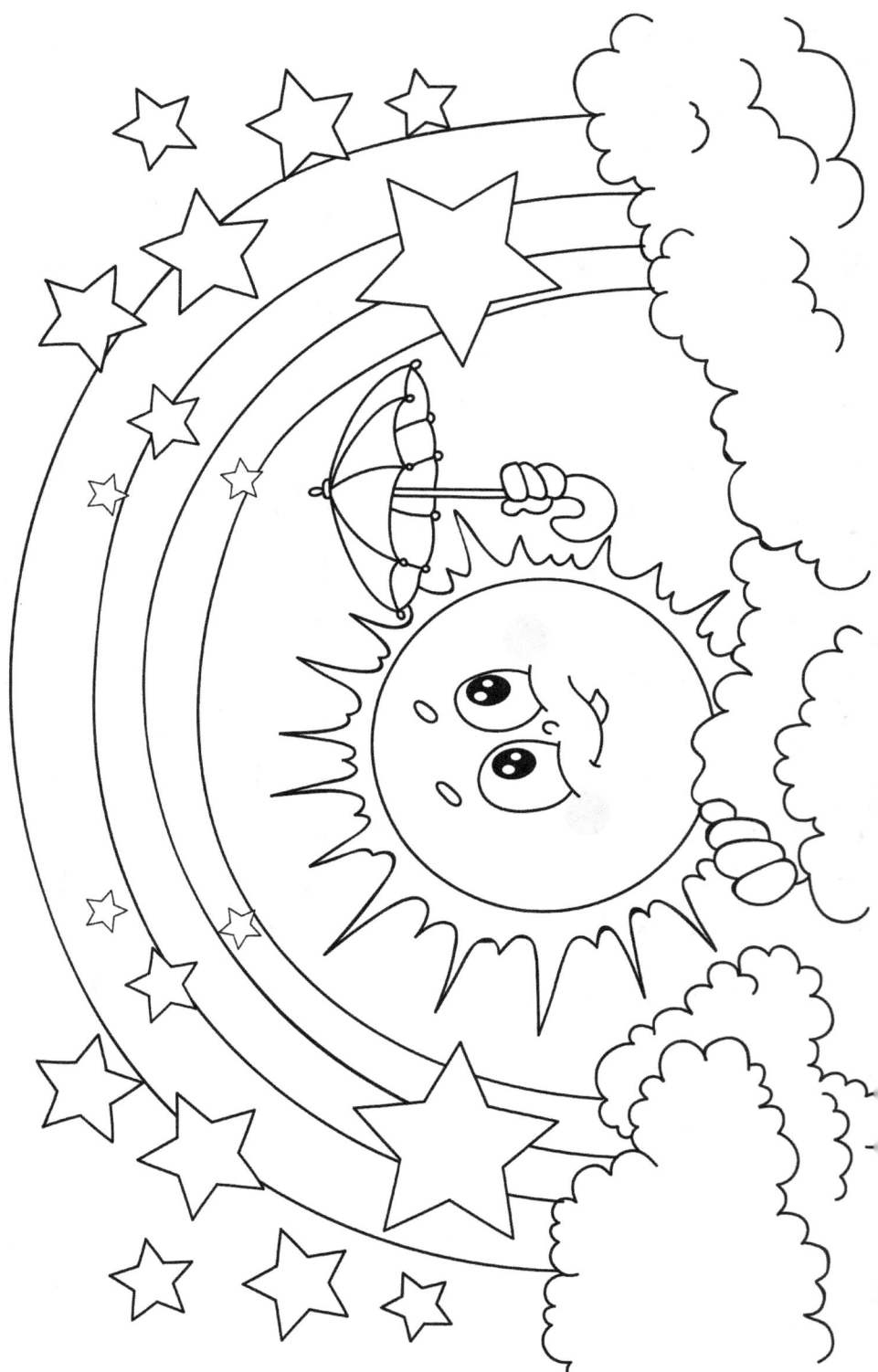

Whoever does ____ love does not know ____, because God is love.

1 John 4:8

Words to use:

God, not

HELP THE WOMAN FIND HER WAY TO THE WELL.

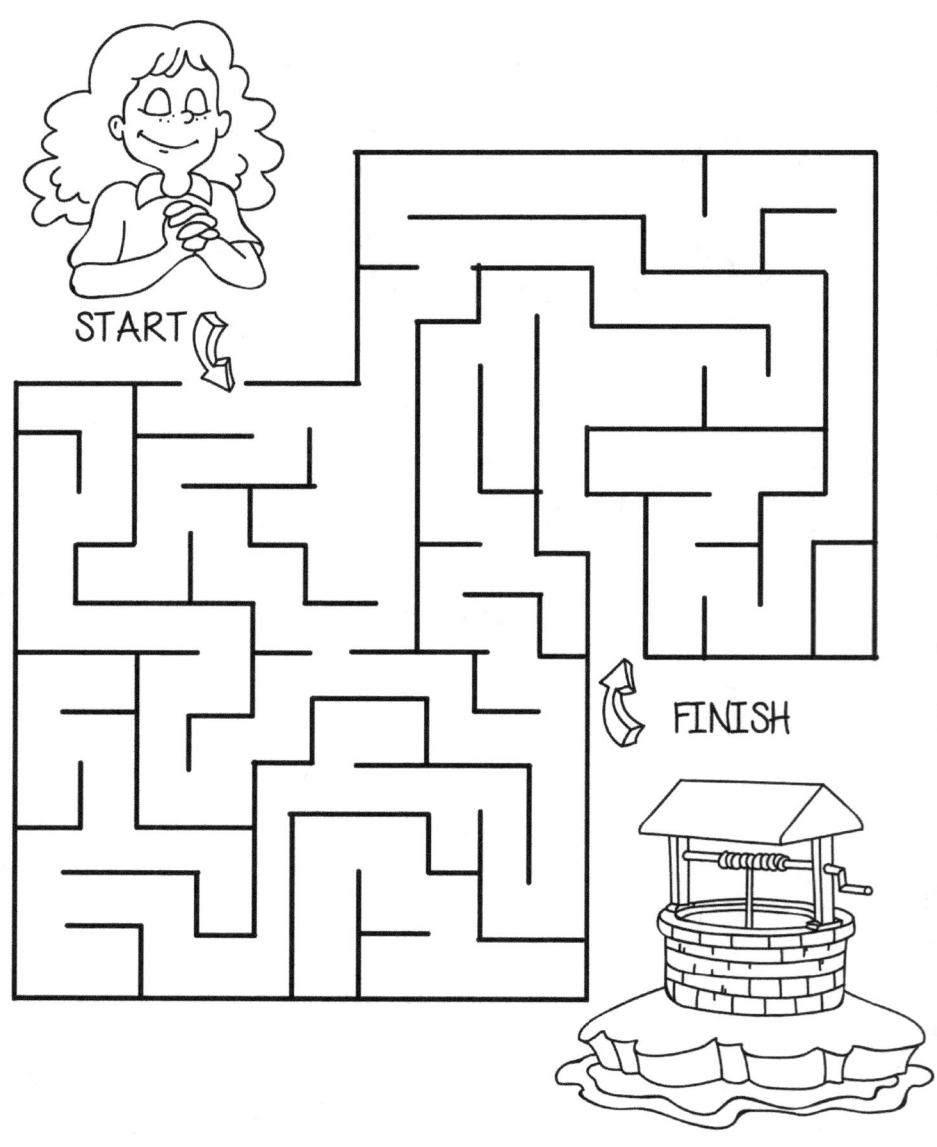

The Exodus

1. RFIE _____
2. ASE _____
3. SDERSLEINW _____
4. TPGEY _____
5. SAPEEC _____
6. PYAR _____
7. WRAET _____
8. MAYR _____
9. WNDI _____
10. OPRAHHA _____

Noah's Ark

```
Z P F C V E F I L R D N D H B B M
D P C R S E Y L R M G B H H P I H
L O T B E G O A U T Z M W U O O H
K J V U M Q A K H D M R O T S A H
D E J E O R T F Z R D M K A X V X
M Y Z R S D R Y R P X D L I U B W
S G C H X E W A L D J G P E P G M
J O F L B S I J J K R R C S M G H
R G I M P N R V N Z E F N T V B Y
F T I L B Y G A A S N O X N L X M
G T N O A H A P E N M A I U W G F
S P W B C Y X R T S I P P T T E H
S C T A D Q V P D S V M P H E C L
C M W P O E V D N R P V A Q B O D
O B O A T G I A C F Z B O L F S T
O Y X W U E R K B J G V Q L S K N
E J K V V K Y O R T S E D I X N Y
```

Animals	Destroy	Rainbow
Ark	Dove	Storm
Boat	Noah	Timber
Build	Preserve	Two

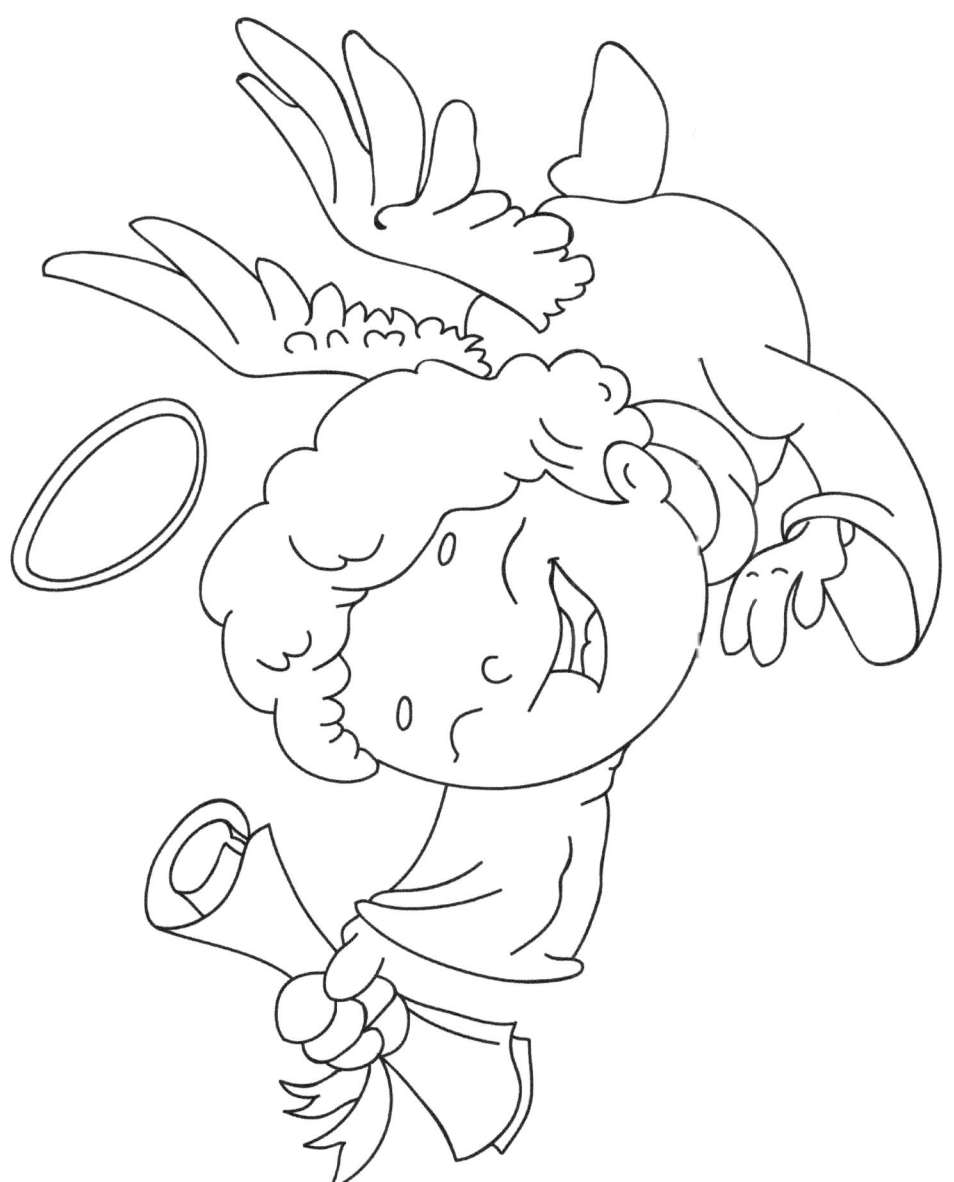

All your _____ will be taught by the _____, and great shall be the _____ of thy children.

Isaiah 54:13

<u>Words to use:</u>

peace, children, Lord

HELP THE BOY FIND HIS WAY THROUGH THE MAZE.

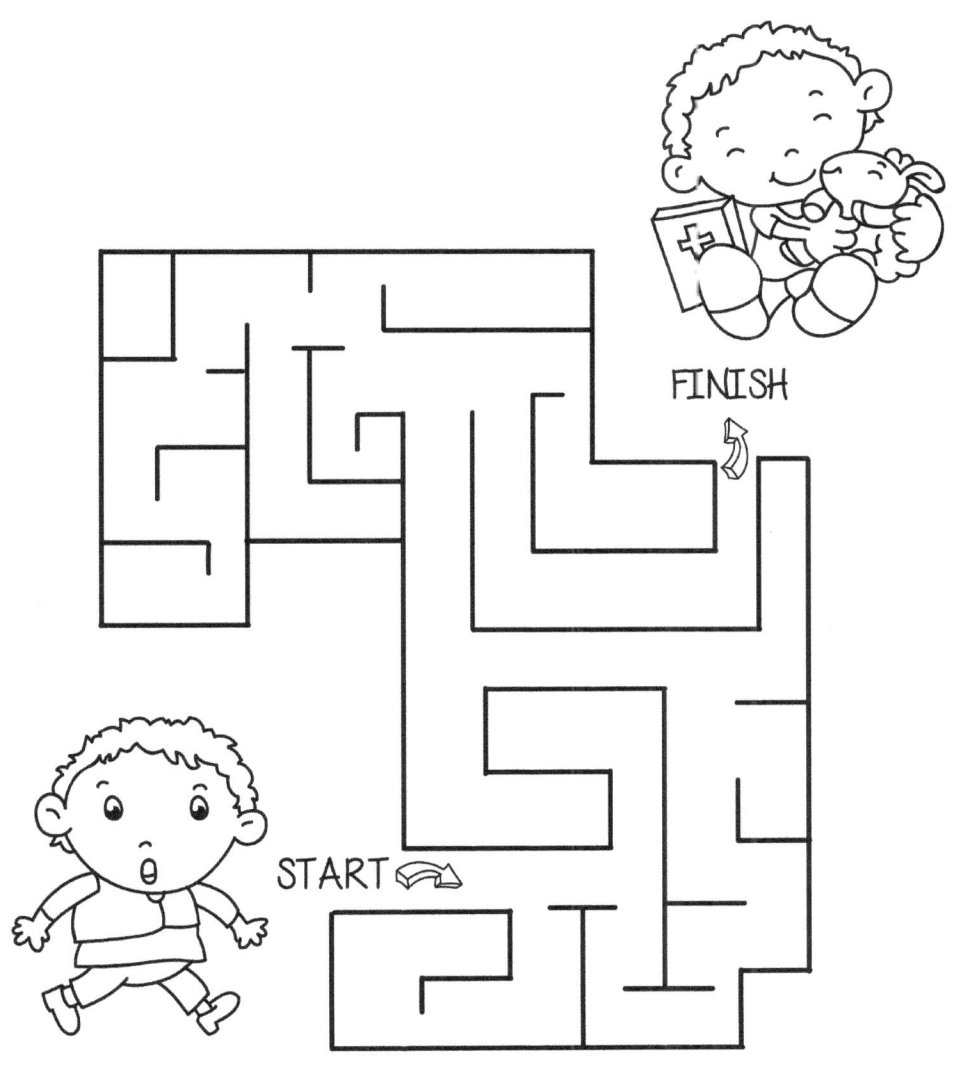

Lord is My Shepherd

1. PEESH   _____

2. ODRL   _____

3. UESJS   _____

4. ERFA   _____

5. EMNYE   _____

6. ATFIH   _____

7. FASFT   _____

8. DGOO   _____

9. IETNTROCOP   _____

10. IOL   _____

The Temptation of Jesus

```
X X M V W T I J W N X Y K N G F Q
W Y T D C H X E I V W J Q I I Q W
K J E A H V O A P L V B T W N V I
L Z K Y Y L T D U E R N W K D G Q
G O B E Y N Z L P S X Y G H A X M
T W R O U L Q A N D U X J N U A M
Y U J O B Z R L N W D D G S J Y X
X M M J C S Z A R L B E A Y J N N
I K V Y S M M N V H L W B E M W S
M E O R Z M F F E S D J T T R P Z
P T M K O W I L D E R N E S S B Z
G Z N C R N A W Y G H V Z L L R M
I F I G F T E M P T E D D G S M W
Q O U D E S E R T G S Q Y B P F Q
B R C S R R M B D J Z V V Y Y C W
R T U I K L U O W O R S H I P R A
Q Y U N U K D E V I L B Y H I D J
```

Angels	Devil	Sin
Bread	Forty	Tempted
Command	Mountain	Wilderness
Desert	Obey	Worship

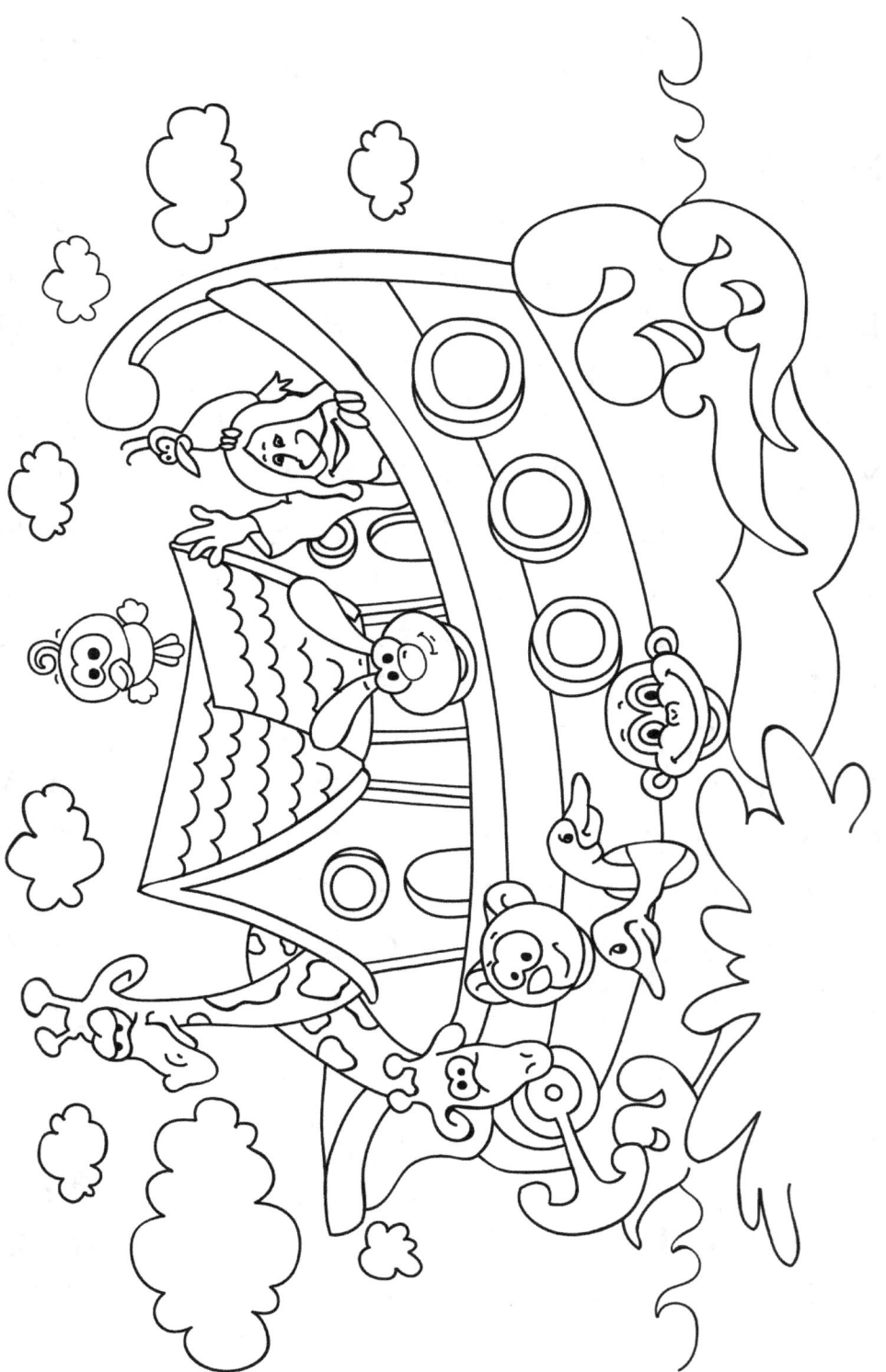

The Lord will _____ for you. All you have to do is keep _____ .

Exodus 14:14

Words to use:

Still, fight

HELP PETER FIND HIS WAY TO THE FISH.

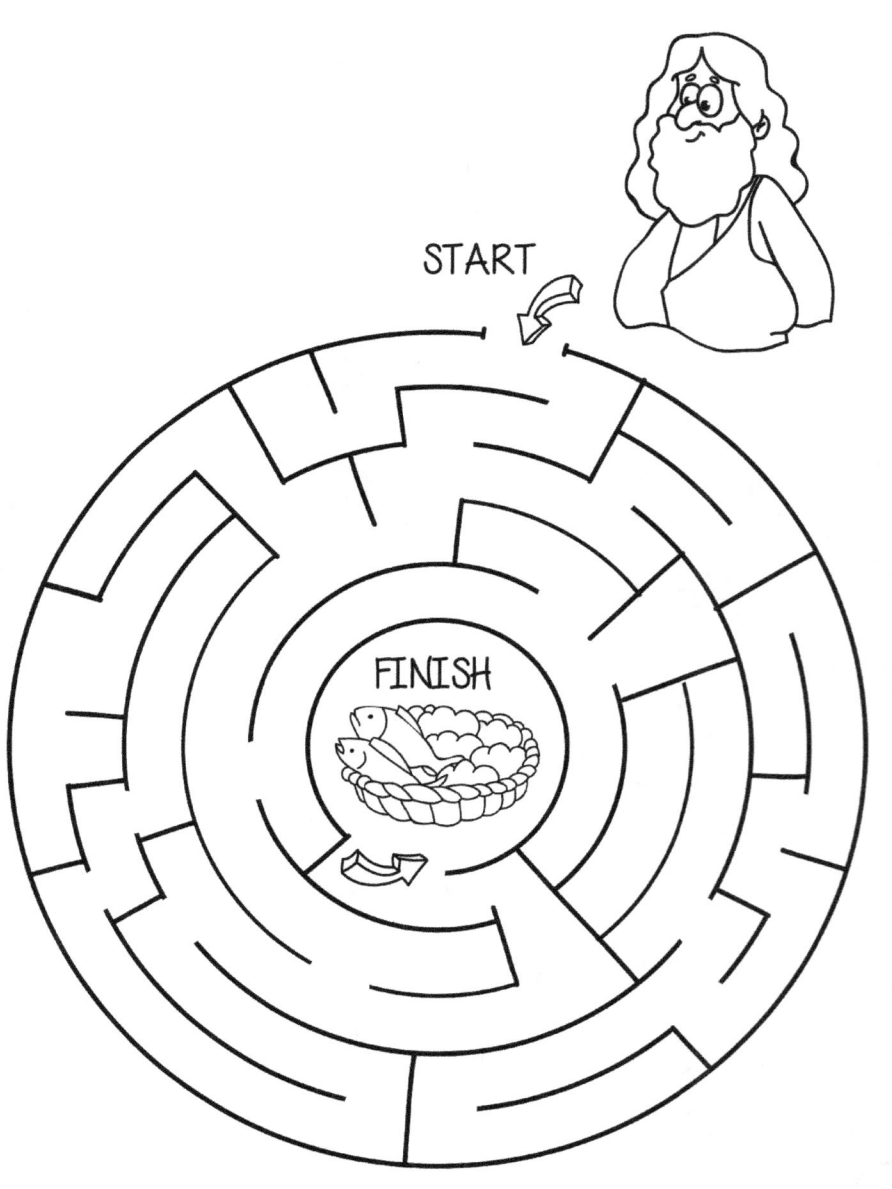

Jesus Heals

1. EHNALIG _____

2. CTOUH _____

3. PGI _____

4. SROLPYE _____

5. NNEUACL _____

6. PRWOE _____

7. AVTSENR _____

8. MNROA _____

9. LRECMIA _____

10. USESJ _____

Titles of Jesus

```
B D H R P Y H F C Y E P Q L T N O
D R T E S J W H D Y D K A L Y S R
L E M M A N U E L Q I M M W S Z E
R J U E C N I N X F B T L D O I T
O R K E A Y B Y Q O D G V L N S S
W O T D X Q A X F Z R J Z D O K A
E I H E N U N G X O O J L I F Q M
H V F R D P O I B Y L V B D G A K
T A N J Z D K T B X J B E M O S Z
F S A J F Q S S A V A D K R D M J
O G Z E U N W I G R G T C L K V H
T T A S T H W R L R Y L T U S A G
H P R U N T B H R D T Z O F U G V
G H E S P L A C G I H G P C D J N
I E N Y I H T U U F C Q C O G W Z
L L E H Y F V M B N V P R X I M Y
H F F M A I D K H K X G N H O Z I
```

Christ	Light of the World	Rabbi
Emmanuel	Lord	Redeemer
Jesus	Master	Savior
Lamb of God	Nazarene	Son of God

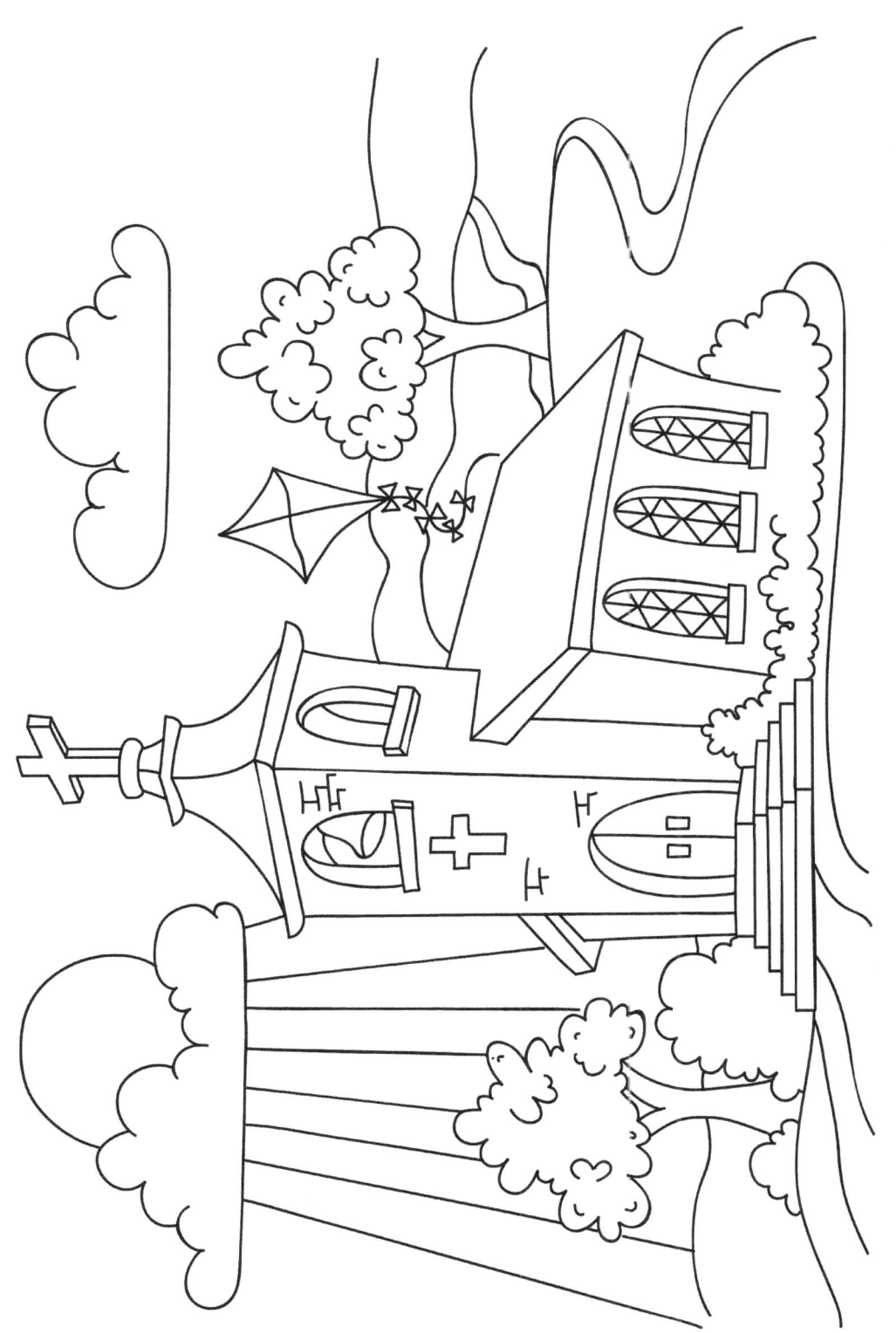

ANSWER KEY PAGES

ANSWER KEY

Page 4

DEUTERONOMY 6:5
WE SHALL LOVE THE LORD YOUR GOD WITH ALL YOUR HEART AND WITH ALL YOUR SOUL AND WITH ALL YOUR STRENGTH.

Page 6

1. GOD'S NAME
2. SABBATH
3. PARENTS
4. LIE
5. COVET
6. FAITHFUL
7. STEAL
8. KILL
9. PUNISH
10. MOSES

Page 7

ANIMALS IN THE BIBLE

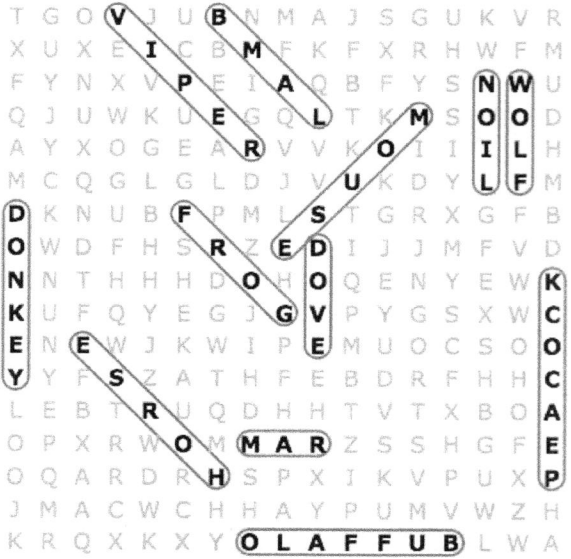

ANSWER KEY

Page 9

PSALM 9:14

I PRAISE YOU BECAUSE I AM FEARFULLY AND WONDERFULLY MADE.

Page 11

1. GRATITUDE   2. FAMILY   3. FRIENDS
4. LAUGHTER   5. MEMORIES   6. HEALTH
7. NATURE   8. PEACE   9. HOME
10. CHURCH

Page 12

BOOKS OF THE NEW TESTAMENT

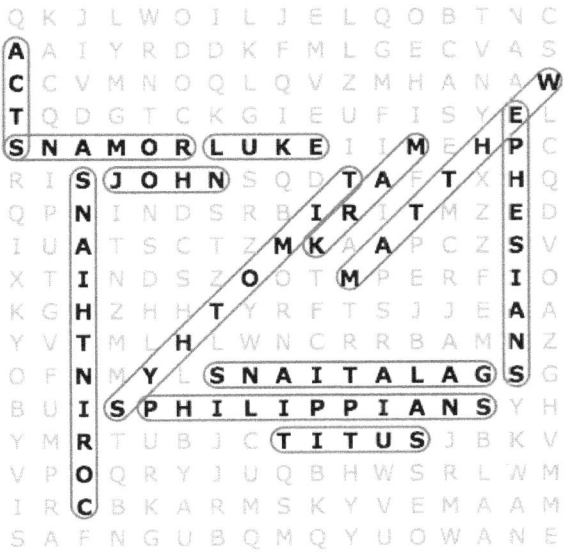

ANSWER KEY

Page 14

COLOSSIANS 3:20

CHILDREN, OBEY YOUR PARENTS IN EVERYTHING, FOR THIS PLEASES THE LORD.

Page 16

1. ANSWER   2. HIDDEN   3. KNOW
4. BIBLE   5. CALL   6. GREAT
7. WILL   8. THINGS   9. YOU
10. TELL

Page 17

CHRIST IS COMING AGAIN

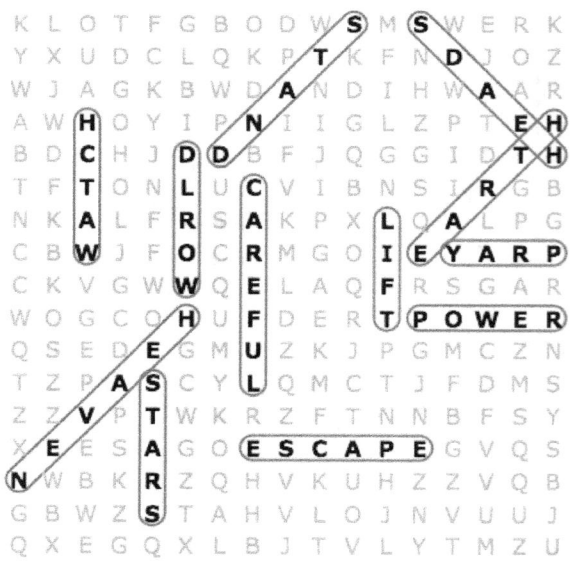

ANSWER KEY

Page 19

MATTEW 22:39

YOU SHALL LOVE YOUR NEIGHBOR AS YOURSELF.

Page 21

1. RESURRECTION 2. EASTER 3. SUNDAY
4. FAMILY 5. RISEN 6. CROSS
7. SAVIOR 8. SPRING 9. STONE
10. CANDY

Page 22

BOOKS OF THE OLD TESTAMENT

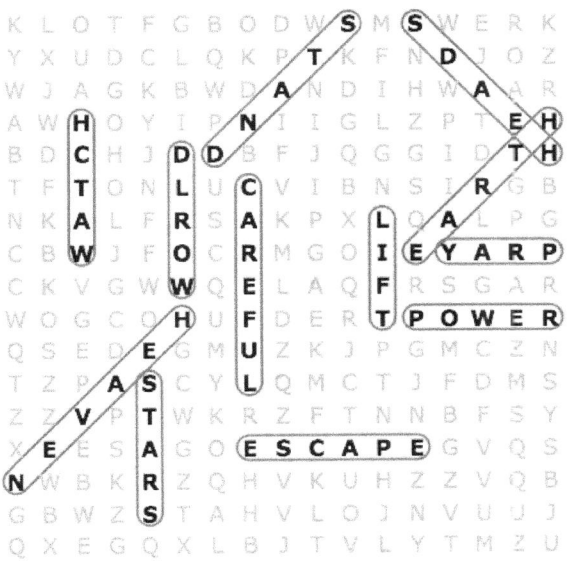

ANSWER KEY

Page 24

Psalm 107:1

Give **thanks** to the Lord, for **he** is good. His love **endures** forever.

Page 26

1. ABIGAIL
2. HANNAH
3. ESTHER
4. MARY
5. LYDIA
6. REBEKAH
7. DEBORAH
8. JAEL
9. RUTH
10. MARTHA

Page 27

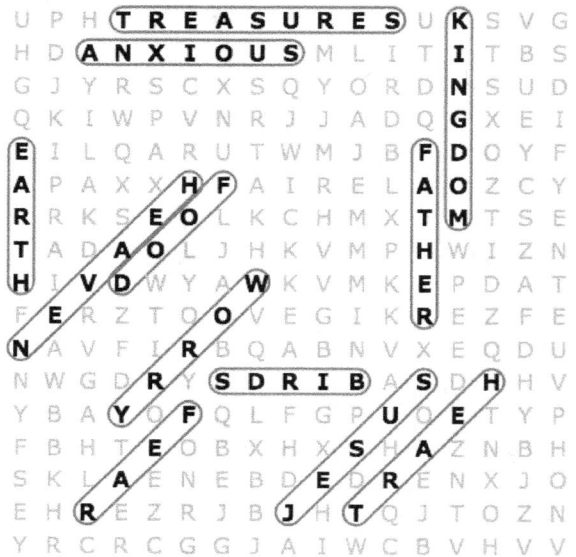

DO NOT WORRY

ANSWER KEY

Page 29

EPHESIANS 4:32
BE KIND AND COMPASSIONATE TO ONE ANOTHER, FORGIVING EACH OTHER, JUST AS IN CHRIST GOD FORGAVE YOU.

Page 31

1. ANOTHER
2. CHRIST
3. COMPASSION
4. KIND
5. FORGAVE
6. JESUS
7. FORGIVING
8. GOD
9. EACH
10. JUST

Page 32

EASTER

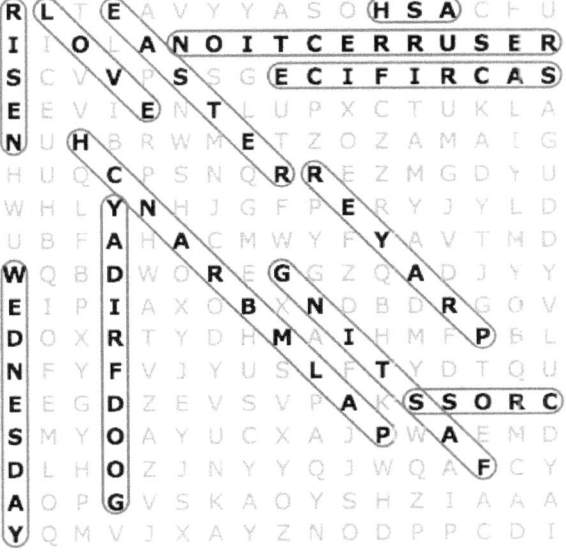

ANSWER KEY

Page 34

JOHN 4:19

WE LOVE BECAUSE HE FIRST LOVED US.

Page 36

1. GIVEN
2. FIRST
3. KINGDOM
4. SEEK
5. BIBLE
6. MATTHEW
7. THINGS
8. ALL
9. RIGHTEOUS
10. YOU

Page 37

FRUIT OF THE SPIRIT

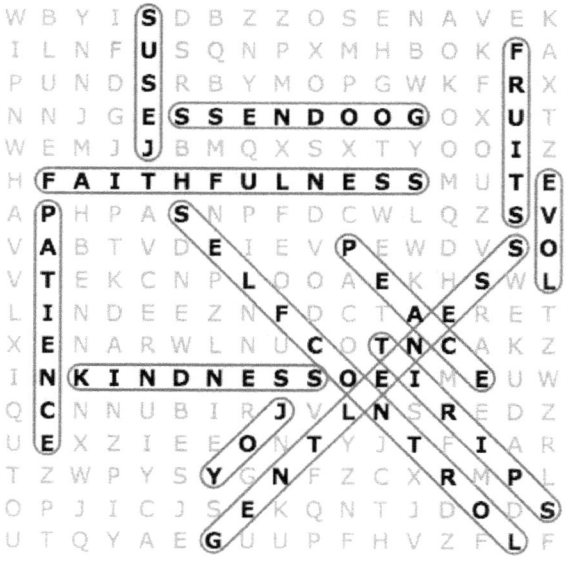

ANSWER KEY

Page 39

TIMOTHY 4:12

DON'T LET ANYONE LOOK DOWN ON YOU BECAUSE YOU ARE YOUNG, BUT SET AN EXAMPLE FOR THE BELIEVERS IN SPEECH, IN CONDUCT, IN LOVE, IN FAITH AND IN PURITY.

Page 41

1. ETERNAL   2. PERISH   3. BELIEVES
4. SON   5. WHOEVER 6. LOVED
7. LIFE   8. WORLD   9. GAVE
10. JOHN

Page 42

GIFTS OF THE HOLY SPIRIT

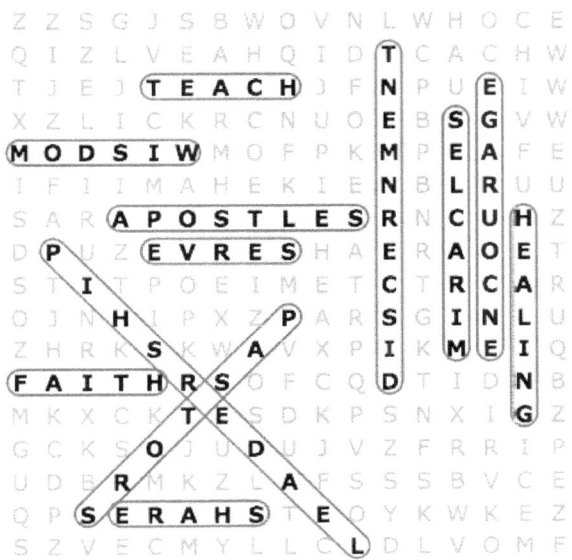

ANSWER KEY

Page 44

GENESIS 1:27

SO GOD CREATED MANKIND IN HIS OWN IMAGE, IN THE IMAGE OF GOD HE CREATED THEM; MALE AND FEMALE HE CREATED THEM.

Page 46

1. BURNED
2. TRUE
3. WITHERS
4. FRUIT
5. THROWN
6. REMAIN
7. GARDENER
8. GLORY
9. VINES
10. BRANCH

Page 47

GRATITUDE

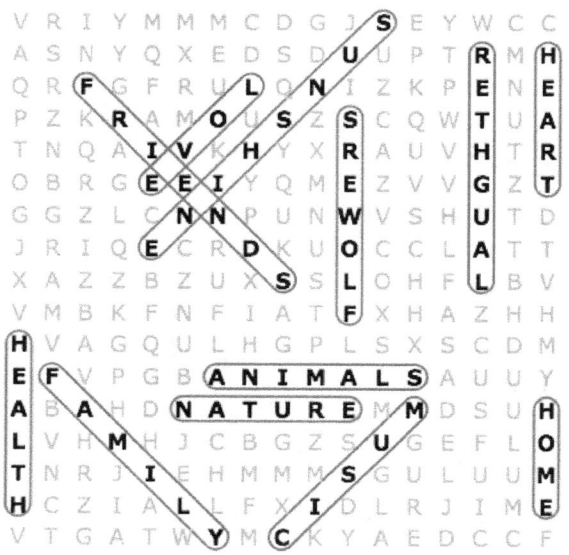

ANSWER KEY

Page 49

PSALM 34:11
COME, MY CHILDREN, LISTEN TO ME; I WILL TEACH YOU THE FEAR OF THE LORD.

Page 51

1. JAMES
2. ROMANS
3. MATTHEW
4. LUKE
5. JUDE
6. TIMOTHYS
7. TITUS
8. COLOSSIANS
9. GALATIONS
10. MARK

Page 52

BIRTH OF JESUS

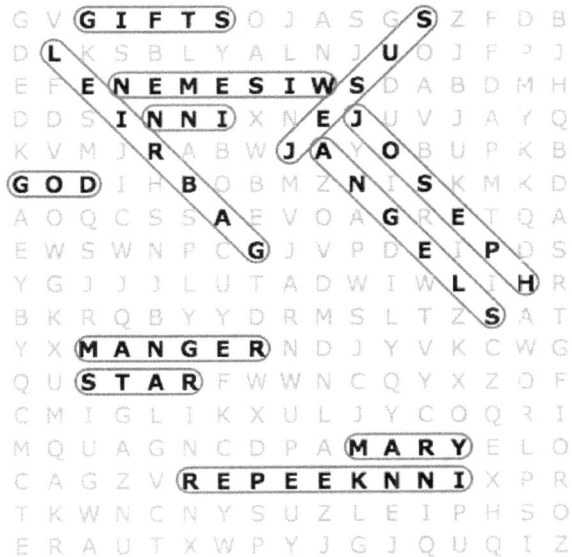

ANSWER KEY

Page 54

PHILIPPIANS 4:13
I CAN DO ALL THIS THROUGH HIM WHO GIVES ME STRENGTH.

Page 56

1. CUCUMBERS
2. FIGS
3. GRAPES
4. FISH
5. QUAIL
6. RAISINS
7. MELONS
8. HERBS
9. MILK
10. VENISON

Page 57

PRAYER

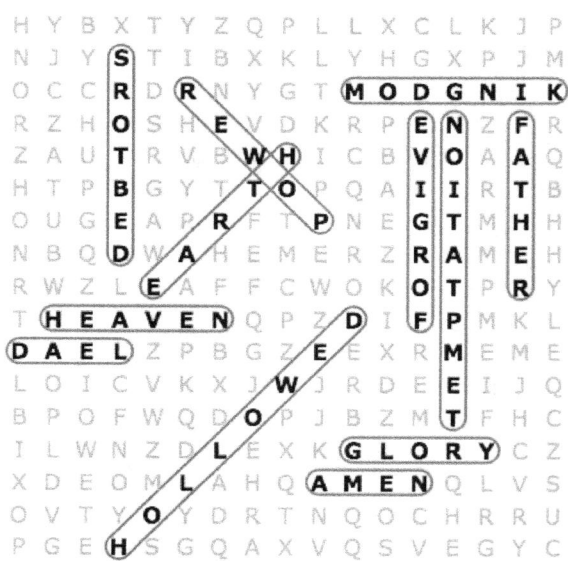

ANSWER KEY

Page 59

JOHN 14:6

JESUS ANSWERED, 'I AM THE WAY AND THE TRUTH AND THE LIFE. NO ONE COMES TO THE FATHER EXCEPT THROUGH ME.'

Page 61

1. SPARK
2. OCEAN
3. FIRE
4. EARTH
5. PRAISE
6. RUDDER
7. HORSE
8. BRIDLE
9. JAMES
10. POWER

Page 62

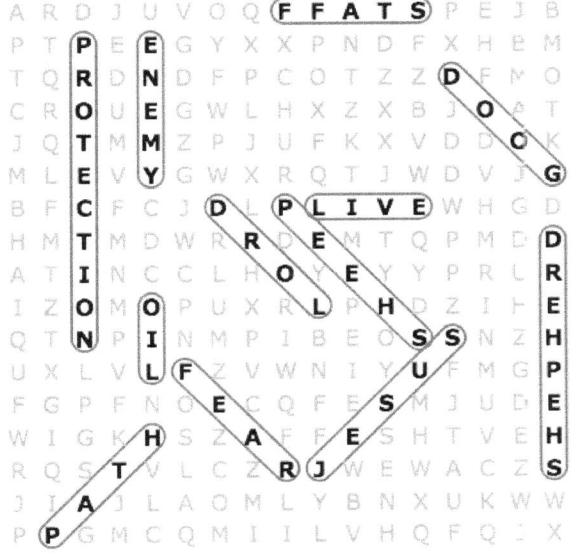

MY SHEPARD

97

ANSWER KEY

Page 64

I CORINTHIANS 13:13

AND NOW THESE THREE REMAIN: FAITH, HOPE AND LOVE BUT THE GREATEST OF THESE IS LOVE.

Page 66

1. GENESIS
2. EXODUS
3. LEVITICUS
4. EZRA
5. RUTH
6. SAMUEL
7. CHRONICLES
8. JOSHUA
9. JUDGES
10. NEHEMIAH

Page 67

SPLIT THE RED SEA

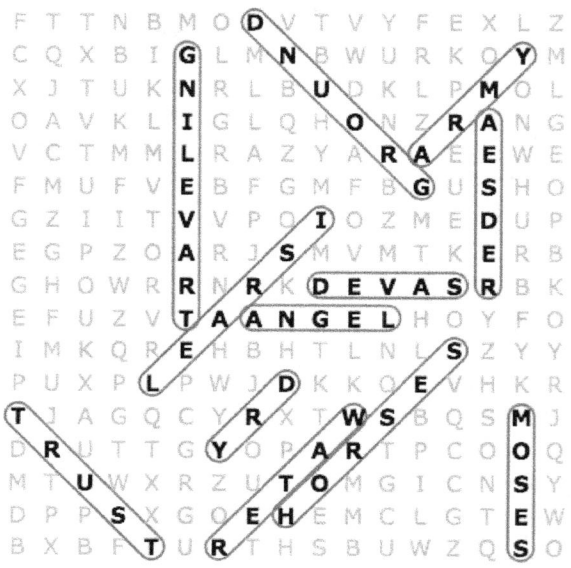

ANSWER KEY

Page 69

I JOHN 4:8

WHOEVER DOES NOT LOVE DOES NOT KNOW GOD, BECAUSE GOD IS LOVE.

Page 71

1. FIRE
2. SEA
3. WILDERNESS
4. EGYPT
5. ESCAPE
6. PRAY
7. WATER
8. ARMY
9. WIND
10. PHARAOH

Page 72

NOAH'S ARK

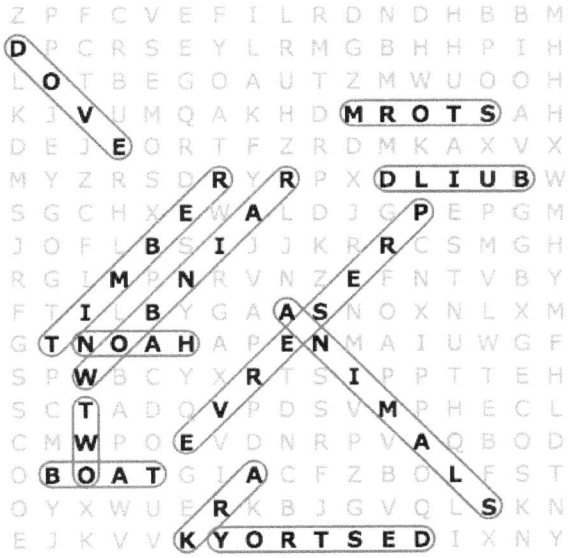

ANSWER KEY

Page 74

Isaiah 54:13

All your CHILDREN will be taught by the LORD, and great will be the PEACE of thy children.

Page 76

1. SHEEP
2. LORD
3. JESUS
4. FEAR
5. ENEMY
6. FAITH
7. STAFF
8. GOOD
9. PROTECTION
10. OIL

Page 77

THE TEMPTATION OF JESUS

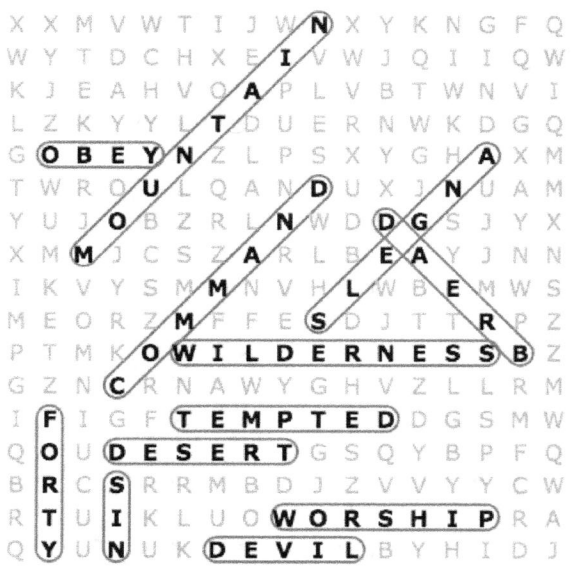

ANSWER KEY

Page 79

Exodus 14:14
The Lord will FIGHT for you. All you have to do is keep STILL.

Page 81

1. HEALING　　2. TOUCH　　3. PIG
4. LEPROSY　　5. UNCLEAN　6. POWER
7. SERVANT　　8. ROMAN　　9. MIRACLE
10. JESUS

Page 82

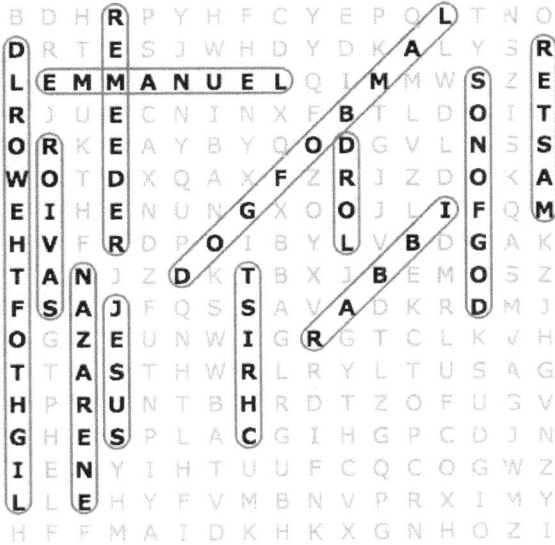

TITLES OF JESUS

Check out our other books!

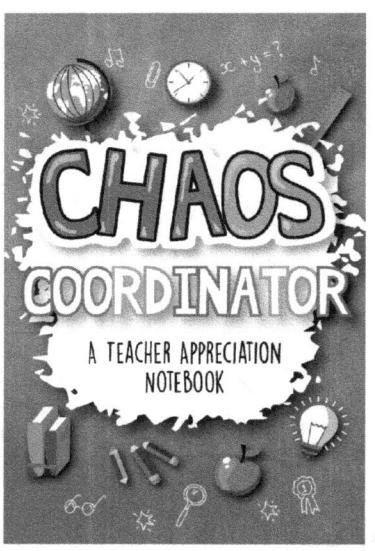
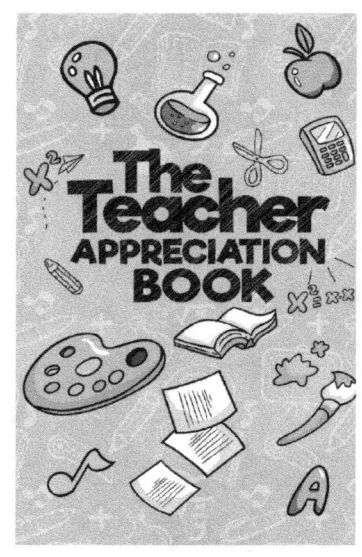
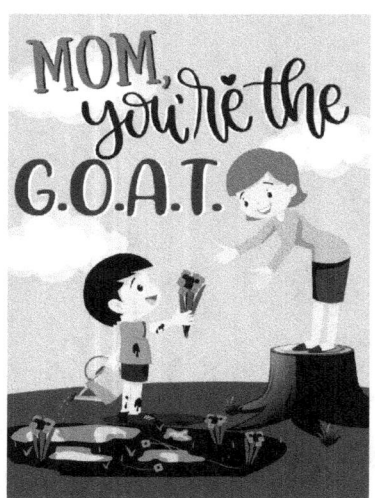
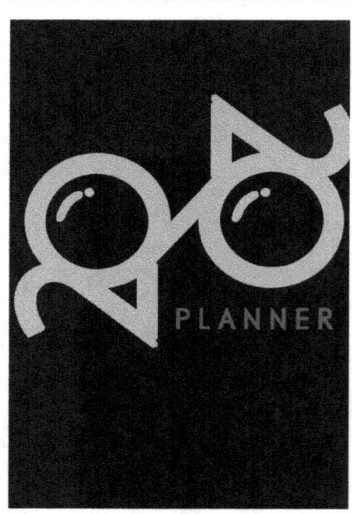

We would LOVE for you to leave a review on Amazon!

www.ingramcontent.com/pod-product-compliance
Lightning Source LLC
Chambersburg PA
CBHW070426220526
45466CB00004B/1557